走过低谷，见过高山

Worth It

Your Life, Your Money, Your Terms

写给女性的财务规划指南

[美]
阿曼达·斯坦伯格
（Amanda Steinberg）著

唐源旃 译

中信出版集团 | 北京

图书在版编目（CIP）数据

走过低谷，见过高山：写给女性的财务规划指南 / （美）阿曼达·斯坦伯格著；唐源旃译. -- 北京：中信出版社，2020.9 (2021.11重印)

书名原文：Worth It：Your Life, Your Money, Your Terms

ISBN 978-7-5217-2039-6

Ⅰ. ①走… Ⅱ. ①阿… ②唐… Ⅲ. ①女性－私人投资－指南 Ⅳ. ① F830.59-62

中国版本图书馆 CIP 数据核字 (2020) 第 124456 号

走过低谷，见过高山——写给女性的财务规划指南

著　　者：[美] 阿曼达·斯坦伯格
译　　者：唐源旃
出版发行：中信出版集团股份有限公司
（北京市朝阳区惠新东街甲 4 号富盛大厦 2 座　邮编　100029）
承 印 者：北京通州皇家印刷厂

开　　本：880mm × 1230mm　1/32　　印　　张：9　　字　　数：155 千字
版　　次：2020 年 9 月第 1 版　　印　　次：2021 年11月第 2 次印刷
京权图字：01-2019-5494
书　　号：ISBN 978-7-5217-2039-6
定　　价：52.00 元

服务热线：400-600-8099
投稿邮箱：author@citicpub.com

献给我的母亲和继父，你们一直用无私的爱包容着我。

献给我的父亲和继母，你们给了我最好的教育和让我坚持的力量。

献给我的姐妹们，你们也是我最好的朋友。

献给乔丹，你让我最狂野的梦想成为现实。

献给迪伦和玛雅，你们是我的神秘魔法天使。

献给 DailyWorth 网站的女性，你们信任我、相信我们的集体愿景。

目录

第 2 部分

你的财富

- 让人生更加从容与自由 -

第 3 部分

你的地位

-掌握现金流的力量-

导　言

女性的价值是什么

女性在美国历史上从未如此强大。但我们为什么还是觉得自己毫无价值?

“毫无价值”——这就是我临近 30 岁时的感觉。我的财务、我的情感……我的一切都跌到了低谷。我拼尽全力展现出 21 世纪职场母亲的形象。与几乎所有我认识的受过大学教育的女性一样，我按照看似简单的步骤，来建立完美的后女性主义生活：（1）从一流大学毕业；（2）找到自己的职业激情所在；（3）在自己满怀激情的领域拿下一份厉害的工作；（4）找到一位支持自己的配偶或伴侣；（5）投资房地产；（6）生孩子；（7）当孩子处于婴儿期时，与其同睡，并对其进行母乳喂养和睡眠训练；（8）在社交媒体上发布各种各样幸福、搞笑和辛酸的照片；（9）回到之前的工作岗位，减少工作时间，或者找到一份新的允许自己在家工作的全职工作（这样就能成为在家工作的职场妈妈）；（10）继续赚着与雄心和教育程度相匹配的高额薪资，以贴补家用；（11）成为一位富有成就感的母亲和配偶，赞助慈善事业，指导女儿踢足球；（12）如女王般坐享已有成就，品味成功人生结出的令人感到自我满足的果实。（此时应有自拍！）

我一切都做得很正确。从顶尖院校毕业？完成！学习计算机编程这一能挣大钱的技能？没错！经营一系列初创企业，每周工作 80 小时？我当然做过，姐妹们！我嫁给了世界上最贴心的男人，并且生了两个让我深爱的孩子。另外，我的收入极其丰厚，远超 6 位数。我做到了，我成功了！我当时想，从现在开始，只要在光滑的停机坪跑道上继续安全滑行，我就能正式抵达美好生活，我需要做的就是继续赚取足以抵销开支的收入。我会举办精致的晚宴和富有创意的亲子活动；我会和丈夫、孩子外出度假，丰富文化视野；我的父母、兄妹、亲戚、同事和朋友都会为我精致完美的上层中产阶级女性主义生活而鼓掌。我想要那样的生活，我想要那样的掌声。于是，我继续努力赚钱，然后花钱坐靓车（高额租金）、住豪宅（高额水电费）、雇保姆（我工作时需要人帮忙照顾孩子）、买体面的职业装（避免在商业界不被正眼相待）。在我看来，只要我赚得足够多，大额开销也不算什么，而且我的身份和价值感都与这两者相关。我收入不菲，但开销也很大，我就是这样的人。与凯莉·布拉德肖[①]一样，我听着欧莱雅公司“解放美国女性”的口号式宣言长大，并且已将其内化：“我不在乎花更多的钱……因为我值得拥有。”

这一逻辑有几点问题。首先，要同时保持情感耐力和维持事业与家庭所需的收入能力，这对我来说极其困难。不仅如此，我也支付不起这种生活方式，遑论值得拥有与否。我经营的初创企业还要支付巨额税单。此外，我的婚姻跌跌撞撞地走在崩溃边缘。债务引发怀疑，怀疑上升演变为绝望。这些问题，我一个都解决不了。我陷入了广告的陷阱，它用女性赋权掩盖了鲁莽消费。我对“值得”的看法完全是错的。归根结底，我根本没有真正理解“价值”的含义。

但之后，一件事情拯救了我。我在少女时代曾沉迷于电子游戏，无数次被炸弹和怪兽击倒后，我按下重启键，从头再来——一直到最后胜出，因为每“死”一次，我都会改良自己的战略。在那段漫漫长夜里，住在我内心的那位少女拯救了我，她轻声说：“按下重启键，阿曼达。恢复战斗力。找出自己的错误并吸取教训。抛弃传统想法，以全新的方式看待游戏。重新开始。游戏永远都不会真正结束。”

于是，慢慢地，我这样做了。我让自己重新站了起来，无论

① 凯莉·布拉德肖，美剧《欲望都市》女主角。——编者注

是在情感上还是在财务上。我让我的孩子们和我自己对价值有了全新的、更为坚实的理解。我意识到，故事的走向由我掌控。所以我改写了我的故事——具体地说，我改写了我的“金钱故事”。事实上，从青春期到成为困在这一剧情反转当中的“负责任的成年人”，我的金钱故事与我的人生故事没有太大区别。我意识到，我之前一直告诉自己，我有能力为过上美好生活供资，也有能力过上美好生活，这似乎是一个注定有着美好结局的童话故事。但实际上，我的人生中没有任何事情是命中注定的。不存在什么魔法时刻——通过配偶的支持或者家中获得的意外之财将我从压抑的财务昏迷中唤醒过来，并且改变我的命运。“醒醒吧，睡美人。”我扇醒自己，“赶紧回到现实中来。童话中的幸福生活，由你来控制它的模样。你是你自己故事的叙述者。”

你也一样。你是你的故事的叙述者，你也能够掌控它，所用的工具远比仙女粉尘或者魔法之吻有用。利用你的思维、你的想象力——利用你内心对“做自己”的那一份渴望。不过，在仔细探讨你的问题之前，我们先来看看，女性想要掌握自己的人生，特别是自己的金钱，为什么一直都这么困难——在实践层面几乎不可能做到。亲爱的，我们已经走了很长的路，但还不够。

女性价值不可忽视

首先思考最基本的问题：价值对于女性而言到底意味着什么？从过去几年的经济报告中看，我们的价值达到了史上最高。现在，美国经济可以说是由女性定义的，这已经不是什么新闻了。在美国，女性现在占据大多数（52%）的管理岗位、专业岗位以及相关工作岗位。此外，超过40%的美国家庭由女性占据主要经济地位——自1960年以来这一数值几乎增加了4倍。在美国消费经济方面，到目前为止，女性决定了大多数的家庭支出：家庭装潢，94%；美国国内度假，92%；房屋，91%；汽车，60%；家用电子产品，51%；等等。[1]同时，相比过去，女性也拥有更大范围的经济权力。美国所有私营企业中，女性拥有30%的公司，雇用着将近800多万美国人；[2]全球范围来看，据估计，女性占有30%的私有财产，这些财产——每年预期增长7%（高于全球平均数）——在很大程度上都是女性自己创造的。[3]知道真正令人意外的是什么吗？2017年，美国女性控制着国内51%的私人财产，总值达14万亿美元，这一数字有望在2020年达到22万亿美元。

想想这是多大的影响力。这意味着，我们不仅可以决定给孩子们买哪种无麸质有机大豆片作为学校午餐，或者决定夏天是去奶奶家度假还是去哥斯达黎加来一次生态旅游、练习一下西班牙语，还可以决定我们要支持哪些公司、慈善组织、政界候选人和人道主义工作。我们的金钱和投资让我们拥有投票权。这意味着我们不可忽视，意味着我们可以把我们的价值放在极其重要的位置上。因为有一个道理我们再清楚不过了，那就是谁掌握着金钱，谁就掌握了权力，谁就有资格说“好，让我们来解决疟疾流行问题”，或者“不行，我不支持在仅剩的原始荒野上钻井以获取化石燃料”，又或者“我们应当有全民医疗保健，可以获得日间看护，更好地享有教育资源，并为所有阶段的家长提供帮助”。这样的话还有很多——你可以填上你自己想说的话。

这十分令人兴奋。在历史上的任何时期里，女性都未曾有过这样的机会。我们可以选择与何人在何时生孩子——前提是你想生。我们不结婚也可以享受性生活。我们可以选择职业、配偶、房屋、财产以及如何处理钱财。但是，这份“靓汤”里有一只苍蝇，又大又丑，而我们却还在礼貌地无视它。

女性价值远远不够

女性在赚钱能力、储蓄和财富方面仍然落后于男性，这是事实。现在，我们已经处在 21 世纪的第二个 10 年，女性对金钱的控制力从未如此强大，但仍然远远不够。

写到这里时，我正看着美国劳工统计局的最新数据：如今女性的收入仅有同龄男性的 83%。[4] 随着年龄的增长，差距也在扩大。

年轻女性（20 岁至 24 岁）最接近收入平等，她们的收入是同龄男性的 92%。事实上，根据女性服务机构卡特里斯特（Catalyst）在 2016 年进行的一项调查，一直到 35 岁时，女性的收入都是同龄男性的 90% 左右。[5]但在此之后，女性收入的中位数增长开始减慢，非常之慢。每位全职工作的女性在 40 年时间里平均要比男性少赚 46 万多美元，这仅仅只是因为薪酬差距。想想这个问题吧。要想弥补差距，一位女性需要额外工作 12 年。

女性也正在失去投资未来的机会。这一问题非常严重。美国劳工部的报告显示，美国有 6 300 万工作女性（21 岁至 64 岁），其中仅有 44% 在其雇主的退休金计划中投资。[6]将资产汇总统计后减去债务，这个简单却重要的公式计算出来的就是一个家庭的资产净值。美国人口调查局报告称，女性户主的资产净值约为 2.2 万美元，而已婚夫妻的资产净值约为 14 万美元。[7]为何我们拥有如此大的获得经济自主权的潜力，但我们的个人财务情况却如此低迷？

女性的财务困境

自 2009 年成立 DailyWorth 网站以来，我发现在理财方面，性别鸿沟比我之前意识到的还要大。虽然如今两性在理财方面有着同样的机会，但文化心态却完全不同。看看各个金融服务公司、咨询公司、政府机构和非营利组织对女性和价值的研究，你会发现它们基本上得出了同样的数据：男性在做出投资和理财决定时通常比女性要自信一倍，并自称在家中他们是主要负责这些决定的人，而女性自称，在工作和家庭之间，管理家庭经济情况已经够她们忙的了。

我们怎么能仍然持有这样性别歧视的态度？美国历史上男主外女主内的时代早已是过去式，为什么那个时代的这些陈词滥调如今还未消亡？每当我感觉自己因此而沮丧并且头脑快要因愤怒而发烫时，我不得不提醒自己：那个时代离我们并没有那么遥远。毕竟，在我们许多人出生之后，女性解放运动才开始发力。想想，X世代[①]是在已婚夫妻采取避孕措施在美国合法化之后出生的，当时，妻子的任务仍然是怀孕生孩子。一直到1974年，在美国，要是没有一名男性联合签字，许多银行仍然不给女性发信用卡，无论她单身还是已婚。20世纪70年代初期，艾奥瓦州达文波特市的女市长向美国银行申请信用卡被拒，因为没有她丈夫的签字。甚至一直到1981年时，男性还可以合法地以他与妻子共有的房屋

① 西方社会学家将一战后出生的人分为不同世代，“X世代”是指出生于1965—1980年之间的一代人，普遍被认为愤世嫉俗、缺乏责任心与进取心。其他世代分别为：迷惘的一代（在一战期间成年的一代）、最伟大的一代（也称为“大兵的一代”，指二战期间成年的一代人）、沉默的一代（出生于1925—1945年之间）、婴儿潮（出生于1945—1965年之间）、Y世代（也称为“千禧世代”，出生于1980—1995年之间）和Z世代（出生于1995—2000年后）。——编者注

作为抵押申请第二笔贷款——完全不用和妻子商量。

这些事情现在看起来奇怪，但这是当时美国的实际情况，我们那时候甚至都已经出生了。此外，所有这些性别歧视的法律和社会习俗或多或少都是基于一套由来已久的思维定式，即不知出于何种原因，女性“本能地”趋于感性，要相夫教子，而男性“生来”就趋于理性，要供养家庭。女性听过这一观念的各种不同版本，没完没了。“你不需要（而且说实话你也没有能力）去理解复杂的政治和投票，大学教育（更别提什么研究生学位了），在商业、学术、科研、法律、医药、政治等方面从事高层工作所需的技能，以及你在人类的性与繁衍中的角色（更别提对其进行掌控）……”美国已经有好几代女性一直在努力抨击和废除性别歧视这一顽固概念。但是，女性在财务方面的转变一直都很慢。为什么财务世界的转变如此缓慢，跟不上现实的步伐？什么在拖延着我们？

天大的谬论

100 多年来，大家一直说是女性的错。大家说，两性的收入与成就之所以一直存在差距，是因为受过教育、胸怀大志的女性为了照顾家庭而“选择退出”职场。我们——还有全世界——都知道当代美国的母亲追求着难以达到的完美主义，因此很容易相信这一观点。但这是事实吗？事实是，在美国主要承担照顾家庭任务的人近 70% 都是女性，无论她们是公交车司机还是公司首席执行官。但在这些人之中，只有 16% 不得不选择工作量更少的岗位，以便同时能够照顾家庭（相比之下，这样做的男性只有 6%）。[8] 至于成就高的女性大量地从职场回到家庭这一说法，感觉像是天大的谬论。

2014 年，哈佛商学院一些在职业女性研究领域具有长达 20 年经验的人员进行了一项研究。他们发现，在参与调研的 2.5 万多名哈佛商学院女性毕业生中，只有 11% 退出了职场，全职照顾孩子。黑人女性和南亚裔女性的数据少于总体数据的一半（仅 4%）。拥有哈佛工商管理硕士学位、家里有未满 18 岁孩子的妈妈，大多数非但没有“选择退出”，而是仍然全职工作——这样的女性在 X 世代女性中比例高达 74%，在婴儿潮女性中比例高达 52%。事实上，研究显示，当成就高的女性在生下孩子后离开工作时，只有非常少的一部分想做全职妈妈。女性选择辞职，绝大多数是因为职场一直给她们打上“妈妈”的标签，其中存在着非常微妙的性别歧视模式，她们最后别无选择。公司不允许她们有弹性工作时间，不允许她们从事高调的工作，还将她们从过去领导的项目中撤下来。

进一步的研究显示，女性经常可能无法在工作考核中得到能使其进步的反馈。2016 年斯坦福大学的一项研究发现，考核人员会将男性的绩效与具体的商业成果联系起来，但对女性却不这样，因此，男性更清楚公司认为他们有哪些优势，他们也能获得更多指导，知道要更上一层需要具体做些什么。[9] 考核人员会对女性说，总体做得不错，但他们会避免提到女性员工的工作在商业上产生积极影响的具体事例，特别是避免提到公司如何重视女性员工的贡献。反馈很模糊，女性得到的绩效考核评分自然越来越低——但男性则不然。换言之，模糊的反馈尤其能够阻挡女性进步。

另外，创新领导力中心（Center for Creative Leadership）2015 年发布的一份报告显示，女性被打上“专横”这一污名标签的概率是男性的两倍，这个恶名会严重影响她们的职业生涯。不过，当需要管理者描述一件与“专横”之人打交道的具体事件时，他们提到男性的概率（48%）与提到女性的概率（52%）相当。

在给出的评价中，专横的女性同事比专横的男性同事更不受人欢迎——并且在未来获得事业成功的可能性更低。这份研究是这样来归纳这一大问题的：

> 人们一想到领导者，就会想到男性以及典型的男性特质（例如独立性、侵略性、竞争性），但人们仍然普遍期望女性在工作场所表现出典型的女性特质（例如关爱、友好、无私）。这就导致女性陷入了一个左右为难的处境：女性表现出女性特质时，会被认为缺乏有力的领导素质，而表现出男性特质时，会被认为没有女人味、刻薄、不被人喜欢。[10]

女性在与男性上司就晋升问题进行谈判时，肯定面临着这种笨拙的性别歧视。2006 年哈佛大学与卡内基梅隆大学联合发布的一项研究显示，女性因主动进行薪资谈判，甚至只是接受公司内薪酬更高的职位，而受到的负面评价要远甚于男性。[11] 男性审查人员“认为女性谈判者很强势并且过分索取，因而拒绝”。等等，这是什么话？没错，他们就是这么说的。“听着，女人，不要斗胆向男人‘索取’，或者哪怕是接受公司提供的更高薪资，因为他认为这样不好。男人不喜欢女人表现得强势，因为女人不该如此。”哇！我读了好几遍之后，才终于领会到歧视往往就是这么直白。但歧视还是存在。职场性别歧视确实使女性无法获得与男性一样高的收入——这屡见不鲜。女性要如何才能弥补这一价值差距？

女性并非“失控、无情、病态”

女性不被鼓励参与事务。职场上存在歧视——我们身边处处也都存在歧视，只要想想关于女性与金钱的那些成见就可以知道：需要拯救的公主，或者挥霍无度的购物狂，又或者企图嫁入豪门的拜金女郎。我经常听见的一个说法是，女性只想受人照顾、从职场抽身、被人供养。媒体在塑造形象时，也能看见性别差异。一则名为“角色转换”的广告中，一位千禧世代的男子纠正了他父亲对当今投资世界如何运作的看法；而在另一则名为“第一份工作”的广告中，一名年轻女性向她父亲及其财务顾问获取了关于设定长期财务目标的建议。其传达的信息是，女性与男性不同，不擅长处理财务，也并不真正感兴趣。钱与女性无关，女性也不该关心钱的问题。

但现实却不同。如今，获得工商管理硕士学位的人几乎半数都是女性。我们并没有选择退出。虽然事实如此，但是，人们对于自给自足的女性显然一直抱有偏见。女性对金钱感到自信，那就是“过分索取”，那就是“强势”。金钱就是权力。知道金钱如何运作，就意味着可以把控权力。但强大的女性可能不会被允许负责收获丰厚的任务，甚至不被提拔，她们往往被视为“专横”的坏领导。即使在女性拼命争取平等收入、争取在每张决策桌上都有一席之地、争取在政府和管理层获得更多的高级别职位时，这类歧视仍然存在。

我们只需要对比一下 2016 年希拉里·克林顿与其（男性）竞争者们在争取民主党总统候选人提名时的状况就可知一二。乔治城大学语言学教授德博拉·坦嫩在《华盛顿邮报》中发文分析称：要是搜索“雄心+伯尼·桑德斯”，能搜索出关于“雄心勃勃计划”的头条；对于唐纳德·特朗普，则为“雄心勃勃的驱逐计划”；但是对于希拉里，不难发现，在谷歌中搭配搜索“雄心”的结果非常负面，比如“失控”、“无情”和“病态”的雄心。

这一观念在我们身边处处回荡，哪怕是在最为私人的关系当中。2015年的施莱佛报告（Shriver Report）发现，虽然异性恋男性希望将女儿抚养得聪慧、独立和强大，但他们与妻子结婚则是因为她们聪慧、动人和甜美。他们的女儿看着母亲被迫顺应大流，又如何能理解自己应努力奋斗的教导？我们往往努力找到一个中间点。我们找到一份能带来足够成就感的工作，但不要求获得更大的责任或更高的收入——或者我们不被允许获得这些。我们甚至不会认真地积攒我们的储蓄和投资，以便无论是现在还是未来，我们想要什么就能得到什么。

没错，使女性与男性获得同等收入将帮助解决部分问题。为照顾家庭的人提供更好的支持，以及更加注重为年轻女性提供指导，也能帮助解决部分问题。但只有当更多女性不再惧怕管理自己的金钱时，这些问题才能最终真正得以解决。有钱就有更多选择。收入的增长能指出通往安全和有保障的生活的方向。但是，要想真正获得富足的人生，女性需要步入金钱管理者的角色而不感到忧虑、愧疚、害怕或羞耻。现在是时候了。拥有你的权力和金钱意味着拥有你的价值。

消除对自己的偏见

重要的一步就是好好清点一下我们自己对自己的偏见。摧毁偏见比你想的要更简单。举例来说，当我年近30岁时，所有关于何为“值得”的站不住脚、互相矛盾的价值观念和信仰终于坍塌，我所做的第一个也是最简单的决定就是给自己洗脑——积极正面地洗脑，而不是消极负面地。由于我对自己一个很大的偏见是我是一个花钱大手大脚的人，所以我开始对自己说，我是能存下钱的人。相信我，我当时已然破产，但每次包里或者口袋里有零钱，我就会将其放入厨房的一个罐子里，像使用绝地控心术一样对自己愉快地默念：“我刚刚不就存钱了吗？我确实能存下钱！”我不会跟你说这样做永远改变了我的生活，因为在生活不如意时，我仍然会时不时欠债、还债。但是，因为我经常练习存钱这一简单的行为，并不断提醒自己，长此以往，我现在已经形成了先存钱、后花钱的默认行事方式。

“我从小就被教导不要谈钱”

有一些偏见与我们的文化紧密交织，因此已经内化为我们自己的观点。我们可能永远都无法完全抹除这些偏见，但如果我们能够意识到它们的存在，并检视自己的行为，我们就能阻止它们对我们积极正面的思考和行动产生不利影响。

我们来看看 2016 年富达集团（Fidelity）的一项研究结果。大多数女性调查对象（82%）有信心管理家庭财务和预算。但是，当被问及是否能够规划其长期财务需求或挑选正确的财务投资项目时，她们的自信暴跌，感到自信的人数比例分别是 37% 和 28%。这种别扭的心理看起来几乎令人感到痛苦。尽管几乎所有人（92%）都想更多地了解财务规划方面的知识，并且 3/4 的人想学习更多关于金钱和投资方面的知识，但大多数女性（80%）称，她们刻意避免与最为亲近的人讨论财务问题，包括家人和朋友。为什么呢？约 1/3 的人认为以下这些描述属实："感觉不舒服"，或者"我从小就被教导不要谈钱"。

如今，在关于女性进步的大部分讨论中，金钱话题仍然缺失，困于性别界限之间。然而，如果我们试图重新平衡如今的讨论——提出女性能管理金钱并且享受其中的观点，我们仍然会威胁到深藏在我们潜意识中的关于婚姻和家庭应当如何运作的信念。让我们直接面对一个事实：一位优秀、充满女性风韵、性感的、拥有价值的女性无法在不危及恋爱关系的情况下诚实地讨论金钱或职业问题。正如专为百万富豪牵线搭桥的帕迪·斯坦格在 2015 年接受采访时所说："我喜欢对女性说，职场大女人，家中小女人。这需要练习。如果你习惯了独立经营自己的生活，并且把所有男人都吓跑了，那么你可能需要做一个居家小女人，真正把身份转换过来，因为大多数男性领导者不喜欢女性对他们呼来唤去。"

坚持管理家庭财务

但是斯坦格的办法可能产生反作用。我来给你说一个故事。

我朋友斯黛弗·瓦格纳与大学恋人有着童话般的恋情，之后双方成婚。她以优异的成绩从金融专业毕业，目标是成为一名华尔街分析师。在她二三十岁期间，她看起来确实有着圆满的生活：平衡而幸福的婚姻、重量级的工作（她在 25 岁时已是私募股权投资公司副总裁）、同伴们的尊重，并且很快有了一个非常富足的、不断扩大的家庭。在生下第一个孩子后，她的上司让她兼职工作，但此时她已经怀上了第二胎。“我当时怀孕 6 个月，家里还有一个两岁的孩子，他们却让我坐上小型飞机去出差，”斯黛弗跟我说，“我受够了，决定辞职。”

她将他们夫妻所做的这一决定称为一个“商业决定”。“我们考虑了怎么做对我们的家庭、对他的事业最有利。这一决定是我们深思熟虑后的结果，我从未事后反悔，我从未想过：‘天啊，我在做什么？’我对丈夫从未有过一丝一毫的不信任——我从未想过我会有危险。”事实上，她过着富裕家庭里快乐、积极的全职妈妈的忙碌生活，照顾着 3 个男孩。“我照顾家务，这样他每年在外出差 200 天，心里也不会有任何负担。”直到他们的婚姻进入第十八年，这一“商业决定”终于破裂。

某天晚上，斯黛弗发现丈夫其实过着双面生活：他近 3 年来一直有一段外遇。她度过了非常痛苦的 18 个月，试图拯救他们的感情、家庭和生活，但是失败了。他从家中搬了出去，离开了他们所在的州，留下斯黛弗处理她人生里情感和财务上的一片狼藉，并且让她完全对孩子们负责，而斯黛弗这时已经 14 年没有工作过了。她曾有过圆满生活，一切都做得很“正确”。她的人生似乎游刃有余，直到幻觉破灭，而她并没有做好准备。

听着，如果你的财务策略是嫁入豪门——我祝你获得最好的结果。但请答应我——如果嫁给了有钱人，你需要和他一起管理家庭财务。你需要清楚地知道自己作为婚姻的一部分拥有什么，知道金钱的去向。当你懂得你的财务价值时，当你对自己申报和再申报自己的价值时，你会想要主动涉入其中。参与越多，你会懂得越多，也就更能与他人一同指导你人生的走向。对女性而言，这是新常态。

你和配偶在婚姻存续期间获得的财物（包括资产）在离婚时将成为婚姻财产。然而，美国各州规定不一，而且房产及资产的真实价值难以准确估算，特别是在离婚双方存在争议的情况下。你需要知道什么事在发生——在很多情况下，你的伴侣掌管了财务，而你不参与其中，所以有麻烦也不知道。而且，麻烦真的并不少见。

芭芭拉·斯丹妮在《告别低收入》（*Overcoming Underearning*）一书中诉说了一个关于忽视她自身净值的悲剧故事。斯丹妮是布洛克税务公司一位创始人之女，继承了非常可观的遗产。结婚时，她将财政大权交给了丈夫。她不再过问任何事务，认为丈夫能够处理好他们的财产。然而，最糟的事情发生了。她的丈夫不仅赌博输掉了她的大部分财产（他居然还是一位财务顾问），而且还给她留下了上百万美元的待缴税单。离婚后，她身陷巨债，还需要照顾孩子。她忽视了财务，结果被非常大的麻烦缠上了。

掌控一切

离婚会使人生发生巨大转变，但其他事情也可能导致巨变，甚至可能性更大。比如说，将退休资产交由财务顾问进行分配，结果却在临退休之际突然损失超过半数资产。事实是，在你意想不到的地方总是魔法般地需要大量开支。你的支出时而稳定，时而不稳定。孩子突然需要一部手机和数据套餐；足球训练班的费用是 2 000 美元；有些事每个月、每一周都会发生——租来的车剐花了（今年我就剐花了两次），父亲付不起医药费，孩子需要辅导老师；你需要做一场手术，移除耳朵里能听见孩子和上司抱怨声的那一部分。我们跑题了……所有这一切都很昂贵，会搅乱生活，却又都很平常。于我而言，拥有一切意味着掌控一切。一切事情都有保障，因为你像一个大佬一样统统应付得来。这就是我们的目标。

以我的经验，掌控一切还意味着争取完成一个不可能的目标——这一不可实现的目标所带来的兴奋感令我容光焕发。它是一个应当努力争取达到的目标，如同我们的祖辈（或者甚至是父辈）所做的——投入大量时间进行规划、储蓄并制定策略，以移居美国或者是购买自己的房屋。拥有远大梦想、设定看似荒谬的目标能使我鼓起雄心，赚钱变得令人振奋，而不再是一件繁重乏味的事。

从离开学校、工作赚钱、成立家庭，再到退休，生活并不是一条直线。正因为如此，正因为我们以为人生朝着某个方向直线前进并且我们理应拥有某些事物，所以我们失意时会觉得自己做错了什么，觉得事情不如意，那就是我们的错。但这是一个陷阱，而且完全令人士气全无、消极沮丧。人生是乘风破浪的旅途，而非登往天堂的平稳阶梯，明白了吗？

我们需要钱

虽然传统风俗可能可以解释社会上将女性与金钱分隔开来的态度，但其实还有非常多的实际原因。2016 年英国保诚集团公司（Prudential）的一项研究发现，女性完全没有足够的金钱来支持她们设立长期财务目标。事实上，几乎 1/3 的调查对象称，财务规划最大的障碍在于缺乏可支配收入。此外，引用该项研究的话来说，许多女性“承认自己不熟悉金融产品以及描述这类产品的行业术语，觉得自己就是不懂在评估可选的财务方案时需要考虑哪些方面”。她们说，她们就是没有时间去了解清楚。[12]

我现在告诉大家：这些都是废话。吃一天饭，就能存一天钱。如果各种金融产品令你感到困惑，那就从单独设立一个储蓄账户开始。觉得自己没有时间？每天早起一小时。你有资金、有大脑、有时间来改变你的财务地位——这本书将会让你清楚地明白这一点。你必须抽出时间了解不同的财务方案，这样，当你有需要时，你就会有更多可选项，而不是更少。美国约 90% 的女性在某一时刻都必将在财务上完全依赖自己。男性负责养家和照顾女性，这一想法已不再现实。美国有 1.11 亿户家庭，其中仅有 2 300 万户家庭是传统的核心家庭结构①。大部分家庭看起来更像我这样：单亲父母管理着工作、孩子，与他人共同教养孩子。

当涉及生活的基本方面——买房、买车、照顾孩子、储蓄退休金、搬入新家时，钱越多，选择也就越多。拥有了选择权，你就不必陷在糟糕的公立学校系统里，困在没有出路的工作中，或者仅仅靠社保过活。女性必须知道如何赚钱、存钱、做财产规划、进行投资、最大化地利用金钱、增长财富、享受财富、分享财富。

---

① 核心家庭结构是社会家庭结构类型之一，由夫妻两人及其未婚子女组成。其他家庭结构类型还包括单亲家庭、继亲家庭（重组家庭）、大家庭（除父母和子女外还有祖父母等其他家庭成员）等。——编者注

但迄今为止，我们要么不想破坏在家中受到供养的地位，要么觉得试着理解金钱的运作方式太难。抑或我们完全接受了生活只能如此——或生活总会被他人“修正”——这一想法，所以不去挑战现状。我们对金钱，以及我们如何看待金钱，都欠缺革新意识。

其实许多女性都在勤勤恳恳地储蓄、做预算、进行投资。DailyWorth 网站在 2015 年 8 月对 4 000 名女性做了一次调研，回复者中有 50% 的人认为自己控制着自己的日常财务。但这也意味着另外 50% 的人不这样认为。这样不够。我们所有人都需要感受到——并且实际拥有——对自己财务的掌控感，因为金钱决定着我们的命运。如果你现在仍觉得难为情，那么我再重申一遍，不必感到羞愧。没错，我们必须抛弃之前受到的教导，用财务知识重建我们的人生、我们的处世之道、我们真实的自我。但我们绝没有输。恰恰相反，我们现在就拥有非常多令人激动的机会。

就让正在衰落的社会秩序的守护者自己发现——正如同《时尚先生》编辑戴维·格兰杰在《男人之道》那一期（2013 年 6/7 月）中所说——“性别差距正在扩大，这不利于男性”。已经有越来越多女性坐上了驾驶位。转变已然发生。你的人生、自由、选择和安全都将不再可能安于现状。事实上，我们对这一形势依然一知半解，我们甚至还不明白我们可能做到什么。

一切都很值得

让我们把责备与羞愧焚烧殆尽。让我们先把预算、债务策略、教育储蓄等基本事物搁置一旁，然后倒退一步。我们许多人仍然陷于某种幻想之中，认为通过极端的预算、与人结婚或者建立成功事业能够最终使自己获得自由。我曾经也是这么想的。虽然我当时不认为我的丈夫能够拯救我，但我相信以我的收入能力可以做到。我错了。但我首先得经历这一童话般的幻想，才能来到现实。你也一样。

我创立 DailyWorth 网站，并且写下这本书，是因为我曾经历过职场母亲连轴转的亢奋生活，并且在那期间一直对自己说，我的生活很理想。我后来意识到，尽管我的生活看起来蒸蒸日上（实际上也确实如此），但我其实处于繁忙的魔咒之下，乐观地认为哪怕没有清晰的解决之道，那些棘手的大问题也会很快解决。如果这听起来与你有一丁点相似，我想帮你。

在整本书中，我会帮助你面对管理金钱以及管理人生所带来的恐惧，正如我曾做到的那样。

你一直在对自己诉说着关于自我和金钱的故事。我也曾如此。我想帮助你抛下那个故事，明白自己如何以及为何被束缚于这本让你 4 年或 40 年来亦步亦趋的剧本。然后，我们将剧本撕碎、烧毁，我们将从灰烬中重生。

你将变得焕然一新，准备好学习那些你需要知道的知识：从仅仅保持收支平衡到建立起可用于资助自己人生的坚实资产。我们将令你强大起来，训练你在现实中积极生活——在你的现实中。我们将深入挖掘。我们将从头到脚地清理你那破败不堪的财务之屋。我将和你一起按下重启键。你将获得重生，成为你真正想成为的女性，过上你真正想过的生活，条件由你说了算。

我保证：这很值得。让我们开始吧！

第 *1* 部分

你的人生

-诉 说 故 事-

你的人生故事也关乎
你和你的金钱。

第 1 章

按下重置键

我的人生（金钱）故事：
我学到了什么，我何时崛起，我为何倒下，我如何东山再起。

青春期有一点特别残忍——这可能是一个女孩的人生中最为疯狂混乱的时光。首先，你要熬过日益强劲的激素、生理和心理上的转变，还有少女中各“阶级”之间没完没了的“宫斗”。在这片混乱之中，你还要开始形成你的核心身份认同——通过对自己讲故事的方式。越来越多的心理研究证明，我们逐渐令人生具有意义的一个主要方式就是在内心书写一个“个人故事”。你的人生故事是由你来确定的，尽管决定主线和选择要保留或抛弃哪些记忆并不是一个有意识的过程。我们正在萌芽的心智描述着我们于自我、于世界到底是何人，我们为何以及如何变为了现在的自己，还有我们的未来可能或者将会是什么模样。生活一天天过去，你成了你对自己诉说的这个故事。理所当然地，这个故事的很大一部分与金钱有关。

一开始，金钱于我而言是一个游戏——具体来说，是一个电子游戏。我整个青春期的死对头就是任天堂的《光神话》，要想通关，就必须利用策略来增加总资产，也就是游戏中的“金币”。你操纵着游戏主角皮特，他长有翅膀，佩带弓箭。你的任务是收集由各种魔物守卫着的三件“神器”、解救女神。要击败魔物，你，也就是皮特，需要用有力的弓箭杀死它们。要想建立一个弓箭库，你必须积累并管理大量的金币。你还需要“心”来获得完成任务的力量。这在现在看起来像是宅男的终极童话，但我告诉你：达到幸福结局并不容易，非常不容易。我的大半部分青春都投入其中。

一月又一月过去，魔物击败了我，耗尽了我的武器库存，撕裂我的翅膀。我，也就是皮特，总是死。我的战利品、进步、人生“嘭”地一下全没了。你肯定会以为，我在好几个星期连续惨败后就会放弃，但是我从未萌生过这个想法。恰恰相反，我手下的皮特变得日益自信和熟练，因为我知道一个所有玩家都知道的道理：游戏永远不会真正结束。你永远可以按下重置键。事实上，每次重新开始游戏时，你的分数都会有所提高。这不仅仅是因为你从先前所犯的错误中汲取了教训，知道如何增加和管理你的关键资产，让你大幅提高的原因几乎总是你冒险尝试了之前未曾尝试的策略——并且成功了。新策略成功后，你会突然更为清晰和深入地看见游戏的运作方式。你迫不及待地要按下重置键。

于是，我学会更加精准地射击，开始横扫一开始的各种关卡，面对更加强大和凶残的魔物。终于，在整整两年之后，我通关了。我赢了。我已经掌握了这个游戏。我知道了如何从失败中再生并重新开始。我知道了如何从错误中学习并有策略地运用我的知识，知道了如何积累资产，如何提升灵敏度和建立自信。我学会了只在预计结果值得的情况下才去冒险，并准备好全力应对意料之外的状况，从全新——并且最优的——有利位置看待所有事物的运作方式。

现在回过头来看，这于我而言既诡异，又具有启发性。一方面，当时我只是一个“朋克”小孩，刚发现了厉害的技能，沉浸于这一光辉之中。另一方面，我后来作为一个成年人，又开始重视这些厉害的技能。它们最终为我的理财哲学奠定了基础——几年后，我通过这些技能，彻底改变了自己，开始为我和我的孩子们建立起坚实的财力价值。

但是，很长一段时间里，我都认为自己在游戏中的这些技能在现实世界中没有任何价值，更不会把它们看作是拯救人生的技能——并且在这段时间里我还经历了许多痛苦和深刻反省。那时我的探求无关《光神话》。它始于我自己的生活，始于我的母亲。

在财务上支持自己

我父母在20世纪80年代初离婚，当时并没有“理性分手”这一说。离婚在保守的费城郊区是一件闻所未闻之事。人们在文化上对离婚无从接受，更未听过在心理上从离婚中恢复的说法。我母亲的文化词典里一直没有“离婚”这个词，直到我父亲搬走。我母亲受到的教养是成为20世纪50年代那种有价值的女性：勤奋的家庭主妇，将家里打理得有条不紊、充满爱意。她的家庭出身好，自己也很优秀。她眼中的成功人生非常直接明了：嫁得好，养育有吸引力的能干的孩子，支持丈夫的需求和事业。获得的回报就是一份稳定舒适的生活和个人成就感。哪怕是像我母亲一样养尊处优的女性，通常也都承认，她们上大学的主要目标是在毕业前找到优秀的伴侣，拿到“夫人学位”。在我父亲同我母亲离婚之后，她失去的不仅仅是丈夫，还失去了自我的身份。她从“无价之宝”跌落至一位弃妇。

带着三个女儿，工作又毫无着落，母亲震惊得不知所措。我和两个姐姐——一个11岁，一个8岁——目睹了这位“优秀女性”的崩溃。母亲多年来建立的基础，在几个月时间里就支离破碎。我经常看见她在灯光昏暗的卧室里，坐在床沿哭泣。一天，她突然抓住我干瘦的胳膊对我说：“一定要一直有能力在财务上支持自己。”

与此同时，我的父亲——一位成功的外科医生——再婚了，并且与我的继母和她的孩子住在一幢美得惊人的房子里，还有好几辆车。当我在周末和节假日去探望父亲时，我眼里全是那些我没有的东西：上档次的房子、波光粼粼的泳池、一个我希望自己能够拥有的家庭。我内心满是嫉妒、悲伤和憎恨。是时候提出我的个人故事的第一个主题了：丈夫和父亲不会拯救你，他们甚至都不会一直在你身边。要独立，赚大量的钱，给自己买车买房。唯一的治愈之道就是好好生活。

非“正常”型家庭

在此期间，母亲开始振作起来。虽然她花了好几年时间才卸下了离婚后那份呆滞无神的面容，但当她做到时，她带着非常大的决心。她在 60 年代拿到的是数学和物理学学士学位。她甚至还做过计算机编程。她曾告诉我：“计算机占满了整个房间，我们用的还是穿孔卡。”此时，她回到了研究生学院，从德雷塞尔大学获得了信息系统工商管理硕士学位（80 年代高科技是主流）。毕业后，她获得了一份工作——通过邮购方式为别人组装个人计算机。她在车库里堆满了厚重的米黄色显示器和带有软盘驱动器的中央处理器，各种计算机部件等待着被组装。之后，她换了一份更重要的工作，在费城证券交易所第一个计算机服务台工作。她在 42

岁时开始了自己的事业。“嘣！”母亲按下了重置键。游戏开始。

为节省两小时的通勤时间，她把我们全家搬到了费城市区。我们住进了一幢连栋房屋，位于一处由鹅卵石铺成的街道上，历史可追溯到费城的殖民时代。我们所在的街区被称为南街，也是 1989 年时费城中波西米亚风格的朋克圣地。那地方尘土飞扬，我们的新邻居是各种餐馆的后门、热食厨房里的炊烟，还有利用短暂休息时间出来抽烟的服务生。在郊区过了十年的隐居生活之后，搬到城市里探险令我们十分激动。我母亲的生活和事业双双好转。她会在家调高音乐的音量——她最喜欢的一首歌是传声头乐队（Talking Heads）的《烧掉房子》（*Burning Down the House*）——而我们会在餐厅的桌子上跳舞。她会开怀大笑。

如果说这是我母亲的解放，那么这同样也是我的解放。母亲给了我许多自由，比起我的大多数同龄人而言要多得多。她没有规定我晚上必须什么时间回家，不限制我看什么电视节目，也不限制我吃多少加糖的麦片。当我 12 岁带着新耳环、染着头发回到家时，母亲并不担忧。但我觉得担忧，因为我开始意识到我和母亲与其他所有人之间存在很大区别。我那些朋友都不被允许做这样的事。他们的家庭组成是一个男孩、一个女孩、一对婚姻幸福的父母，还有一个热情的家。家里的母亲温暖而又聪慧，有爱心却又严格。父亲呢，在家时，他亲切而又坚定。他们相亲相爱。我的朋友们有家务要做，有父母规定的书要读，家人一起吃晚餐时，会讨论这些书。他们的父母邀请各种有趣的人，举办了有趣的晚餐聚会；他们在家庭度假时会拓展文化视野。我想要那样的家庭，我想要那样的生活。那是理想的家庭生活：有价值的女性和仁爱的男性家长将这个家打理得和谐、有序，家里满是聪明、活跃的小孩。他们的生活遵守规则。

为自己的人生按下重置键

在潜意识中，我希望母亲可以划清界限，执行“正常”的家庭规则。但是，“正常”对当时的她而言并没有任何用处。“正常”曾让她困滞在郊区，受到已婚夫妇的排挤。她在作为一个母亲、作为一名女性重生，按下重置键实现巨大改变。她的身份不再受制于某个男人对她的评价——“无价之宝”或是其他任何事物。她的价值由自己提升和评估。重新开启的人生促使她宣扬她新发现的哲理：“扎根和展翅——扎根是让你知道你有一个爱你的家庭、有一个稳定的家，而展翅则是让你选择自己的道路，无论路上有何障碍，你都能自信面对。”她对我说：“没错，你要直接飞入风暴之中，会有些晕头转向，但你会没事的，我相信你。”

在晕头转向方面，我倒是还好。我肆意地漫步和徘徊。当隔壁 13 岁的男孩提议我用手帮他解决生理需求，他付我 25 美元时，我接受了。不止一次。喂，我在一个全是女性的家庭里长大，对男生的身体构造很好奇而已。当然，也是因为我想买一条学校里人人都有的昂贵水晶项链。我会坐上公共汽车，深入费城西区，我在那里学会了如何利用三寸不烂之舌来加入或退出那些奇怪的青少年实验。我自食其力地行动或反击，宛如街头皮特。

我的个人故事中加入了一个新主题：我需要家庭、传统，需要一份正常感。我想要那个井然有序的和谐家庭，夫妻举案齐眉，儿女满堂。我将通过自己的奉献供养我们的家庭，使家庭富裕兴旺，哪怕我知道那可能并不是属于我的生活。尽管如此，但我明白，我永远都不会变成那种典型的“好妻子”。我必须创造另一种家庭，成为另一种母亲、妻子、女性，这样我才能有舒适感和成就感——而不会成为我自己人生的一个冒牌货。我知道，我会一次次地崛起又跌倒，但我总会重整旗鼓，按下重置键，然后重生。

真金白银

母亲在我 5 岁时对我的警言就是我的北极星，而且成为我身份认同的核心所在。我不指望自己受人照顾。我不渴望有一个男人——或者一个上司——来供养我，那种感觉和坐牢一样。所以，在曼哈顿读大三的那一年，我为学院管理员做数据库编程，已经能每小时挣 40 美元。这对于一个大学生来说是一大笔收入。我是最早购买手机和自己去圣巴泰勒米岛度假的人之一。1999 年，我毕业的那一年，互联网革命爆发了，我说服了一家波士顿网站开发公司的首席执行官，以他现有的品牌在纽约开设工作室。他觉得我还太年轻了，但我忽略了他的判断，依然去做了。现在，我要开始赚取真金白银了。

但是先等等。虽然我当时不守传统、十分要强，但我依然渴望爱情、孩子，以及我自己童话般的可持续的禅意人生。于是，我在 20 岁出头时，经常策略性地去酒吧、聚会，甚至安息日晚宴（我甚至都不是犹太教徒）。我终于遇到了我的另一半。这位真命天子是一位心理治疗师，拥有博士学位，修行瑜伽，还是一位鼓手——无论是金钱上还是技术上，都与我完美匹配。我们结婚了，办了一场极其精彩的后现代婚礼聚会，生下了一个小男孩，搬到了费城。我终于感觉人生正常了。现在我有婚姻、有家庭。我们还需要一栋房子，来完美结束我们的《纯真年代之网络年代》这一章。我们买下的房子是英式庄园的入门版。我终于过上了好日子。

问题是，虽然我没有明说，但我完全不知道如何管理这一切：我们的收入、生活方式、维持财务稳定的储蓄，以及创造价值和财富的投资。当然，我们还年轻，但我开口很大——玩得很大。到 25 岁时，我的收入已达到 6 位数。但除了工作赚钱之外，我对金钱一无所知。我不知道我其实正在给自己挖一个财务大坑。到 30 岁时，我会背上将近 10 万美元的债务。

钱永远不够

不过，就当时来看，我们的家还是非常有序的，看不出来有任何问题，但开销却在迅速增加。首先，我的计算机编程公司Soapbxx（域名“Soapbox.com”已经被人注册了）收到了6万美元的欠税单。这是我上一年缴税数额的3倍。公司在迅速扩张，盈利也在增长，我却没有调整税务。个体经营人员需要每季度报税。我为上一年的收入缴税时，工作和小孩让我精神错乱，没有意识到营收的暴增也会使缴税额暴增。我的公司存在现金流问题：我们的客户往往会延迟付款，而我们欠了供应商上万美元。公司的活期存款账户中只有2 000美元。要支付任何款项都远远不够。

我们的石制住宅让情况雪上加霜。维修和维护一幢百年大宅的费用十分高昂，单是供暖费就要每月1 000美元。替换掉破碎的窗户需要1万美元。我们是用住房抵押贷款买下这幢70万美元的房屋的，还贷的压力大得惊人。抚养孩子比我之前所预想的要更为疲倦和昂贵。要支付这些账单中的任何一份，钱都不够。钱永远都不够。

之后我怀上了第二胎，是一个女孩。一儿一女！但是……同时抚养一个新生儿和一个幼童，会带来强烈得多的疲倦感和压力感，我还没有准备好。而且，成为完美母亲的社会压力——母乳喂养、练习亲密育儿法、两岁之前不允许孩子看电视——与工作压力发生了碰撞。在工作时，我会接到日托中心的电话，说孩子生病了，让我去接。在周末，客户会因为网页崩溃而打电话过来。我们必须不停地花钱、花钱、花钱，在工作上、在家中雇用更多帮手，同时让自己不要在这个过程中疯掉。我常常崩溃、痛苦、狂乱。我意识到，我又变回了《光神话》里的皮特，但没有金币，也没有心。只不过这一次，我已经长大成人，不能按下按钮重新开始游戏了。

打破灰姑娘的童话

一些基本理财知识可能会有所帮助。我应该如何适当地计算拥有一座房屋的真正开销？负债累累时如何开始储蓄？我并非不想存钱。但是赚钱、带孩子、支付巨额供暖费账单这三座大山似乎从未给我留出一展身手的空间。“我只要继续更加努力工作就好”，我这样告诉自己，给自己又倒了一杯酒。

我们做过预算。我创建了理财软件的账号。我花了大量时间对其重新编程，让它能自动将每笔支出归入某一清晰划定的类别，比如“孩子”“礼物”。不过，等等，给孩子的礼物呢？这笔支出怎么归类？我们现在缺钱，但如果我们两手空空地参加雅埃尔的生日聚会，我们会不会被当作不良社区成员，今后的生日聚会都避开我们？当我完成预算之后，我才意识到，做预算根本不能将我从这片混乱中解救出来。我需要一个规划——一个新范式。幸运的是，正当我的私人财务危机赶上家门时，我收到了一封电子邮件，它介绍了一个关于女性和金钱的研习班。电子邮件中问道："是否有可能在保持正直、积累财富的同时，有所作为？"答案一定要是肯定的，我心想。研习班由我的两位老朋友主持：拉·葛迪思，街舞艺术家兼企业家；莱亚·恩德雷斯，精神高尚的人权倡导者。我们将会"打碎隐形的障碍，并了解关于女性为何不能拥有金钱、权力、尊重的其他奥秘"。我需要这个。

于是，在九月炎热的一天，我挺着怀孕6个月的肚子，坐上了从费城前往纽约的火车，急切地想获取关于金钱的新见解。在研习班上，我意识到了我自己的"金钱故事"——围绕着金钱的个人故事和身份认同——是如何驱使着我去行动的。我的金钱故事告诉我，财务自由是美好生活的关键所在，这意味着要努力工作、赚许多钱。可是，一旦我有了钱，我却完全不知道该拿钱怎么办。我没有积蓄，没有会升值的投资项目，没有任何事物让我的实际财务价值超过少年时期我的所有价值。我的"资产"（即房地产、公司等）其实带我跃入了债务的深渊。我的金钱故事告诉我，我将与丈夫一道建立起一个安全、繁荣的家。可是，假如我在小心翼翼地保持平衡时从高空钢索中掉落下来，我没有急救基金，也没有安全网来接住我。而我确实掉落下来了。

是什么地方出错了呢？我一直跟随着青春期时所写的个人故

事而行动，但成人之后，并没有对其进行编辑。当我内心的智慧提示我要转移重心，要重新调整故事的走向，以形成通往真正自由的一座桥梁，而不是通往自我毁灭的下坡路时，我没有去听。

我的金钱故事其实是灰姑娘故事的重现：奇怪、狂野、受到孤立的女孩由于自己的雄心而魔法般地得到了解救，有王子的支持，生儿育女，过上奢华生活。

现在这个童话故事崩坏殆尽了，而且带来了严重的财务后果。虽然我学会了像母亲那样不依赖他人，但最终也和她一样，在财务上陷入了可怕的麻烦之中。

离开研习班时，我有了新的感悟。钱本不该带来如此多的焦虑和压力。钱也能带来自由、权力，让人在生活中拥有各种选择。无论我们经济状况如何——无论我们负债十万还是存款百万，这一点都是真的。这不仅关乎于你有多少钱或者缺多少钱，一切都取决于你如何处理钱。人生会不断出现转折（生子、离婚、死亡、下岗、搬家），但你可以有策略地、以一以贯之的方式来调整自己的位置，迎接这些转折。你会没事的，前提是你有一个积极的金钱故事，并且不惧怕参与其中。

先解构，再重建

在生下女儿玛雅一段时间后，我意识到，我的婚姻出问题了。

虽然我嫁给了世界上最贴心的男人，但我慢慢发现，我不符合“妻子”这个角色，或者至少是不符合我们双方心中所想的“妻子”的角色。他娶了一个他深爱的女人，结果却发现我的欲求和雄心使我成为一位糟糕的伴侣。在我应当依偎在他怀里一起看电影，或者帮助他一起打理菜园时，我却躲进卫生间里回复电子邮件。我们在财务上的压力迫使我去工作，所以我承包了更多项目。我竭尽所能地支付日益增多的账单——这是个永无止境的苦差事。

甚至在参加研习班之后，我依然确信是我本人有一些大问题。我尝试了各种心理治疗，来使我的雄心不再膨胀。我的欲求和我的志向就是问题所在——它们显然在破坏我的婚姻。我想让自己喜欢做一位细致周到的母亲、充满爱意的妻子、落落大方的女主人。我想创造一个在各种意义上都理想的家。但我没有做到。我不喜欢为了让自己变成所有这一切而需要付出的代价。要坚守的规则和社会规范太多，是非观念太多。它们之中，我一条都不想遵从。我由一位身心解放的单亲母亲抚养长大，无拘无束，想去哪就去哪。我突然产生了一个清晰至极的想法：我不想在这里。我一次次哭泣，是悲伤，也是解脱。我知道，我必须解构并重新建立我的生活。

所以，在进行了上百次深呼吸之后，我搬走了。我离开了我们洁净古朴的家，带着孩子，住进了几个街区之外一间阴暗邋遢的二居室公寓。地板是镶木的，油毡已经剥皮，墙面很薄，但是费用我承担得起。我买了一辆二手的丰田 2004 款掀背车，开始自己给自己理发和染发，各种事情都自己动手。我对如此急剧地缩减雄心感到窘迫。但是，我能够再次呼吸了。

自我成年以来头一遭，我有现金了。我终于步入了正确的方向，将自己从账单中解放出来，做到了维持收支平衡。我能看见自己有一天开始储蓄和进行投资。我使 DailyWorth 网站成了我的治愈性创意的发泄渠道。我想向女性传达这么一条关于金钱的新讯息：金钱可以逾千越万，可以滋润身心，可以在她们的（我的）掌控之下。

你的人生，你说了算

现在，我租着一栋小房子，有壁炉和拱形窗户。我已经接受了自己的“不正常”。我更看重自己的储蓄账户而不是社会期望，更看重我的投资账户而不是更多的衣物。正如莱亚和拉教我的一样，要获得你想要的，第一步并不是设立预算。第一步始于你的金钱故事。

我刚刚已经告诉了大家我的故事。现在到你们了。

第 2 章

重写你的故事

姐妹，快醒醒。是时候让故事发生转折了。

2006 年，妮莎 · 穆德利离开了美容行业。在之前的 9 年里，她一直在行业内稳步上升，承担着越来越多的责任，也享受着优渥的工资福利。但是，她想更深层次地服务女性，所以她跳槽了。她去学习了营养学，成立了一个训练营，帮助女性克服情绪化进食的问题。短短几年内，她的收入已经远超之前，并且她所做的工作是她热爱之事。她大获成功了！是吗？虽然她收入高，但并没有存下一分钱。她赚得越多，花得也越多。她生活得很好，但没有安全保障。

艾丽 · 萨托以惨痛的方式了解了她不懂的事能够带来多大的伤害。她年轻时以为，支票只是承诺在未来某个时候付款，而不是立即的现金支出。“我在整个城市里开出去的支票都是空头支票。情况一片混乱。我透支得非常厉害，也偿还不起那些透支费用。”艾丽对我说，“这加强了我和金钱之间的关系。”艾丽辍学了，开始全职工作，以偿还银行账户的透支金额。她不知道除此之外还能怎么做。在她成长期间，她母亲都把钱交由父亲管理。她说：“这正好延续了我们家里女性对金钱不甚了解的恶性循环。”

瑞秋·贝洛是播客节目《巨大回报》的主持人之一，她认为能够通过花钱来过上她想要的生活。“我相信这一笔消费将会改变我的人生。这条牛仔裤，这双鞋。我看见一套特别棒的装扮——本来我是不会穿的，因为我还未能拥有与这套装扮相匹配的生活——但我听见自己对自己说：‘你知道吗，如果我买下这条裙子，我就可以坐在加勒比海的游轮上，身边是那个胡须超美的男人……’突然之间，我就陷入了对这种生活的幻想，有了正当理由将东西买下来。”

塔拉·金泰尔的金钱故事与赚钱有关。塔拉生活节俭，工作勤奋。她没有债务，与银行之间没有麻烦事，也没有过度消费。但她是典型的低收入者。她的钱只要正好够过日子，她就满足了。“我母亲说过：‘你想做什么就做什么，虽然不一定能赚许多钱——不过这也没关系。’”于是，塔拉在一家大型连锁书店里工作，时薪 14 美元。“我不仅报酬过低——我可是个聪明人，我念过博士——而且我真心以为我的年薪永远不会超过 45 000 美元。”

如果以上任何故事引起了你的共鸣，那么你和妮莎、艾丽、瑞秋和塔拉（还有我）一样，也需要编辑一下自己的金钱故事了。因为它很有可能正在毁坏你的财务和生活。

“我的王子总会到来”

我在上一章中向大家完整诉说了我的金钱故事，它与我的个人故事、我的人生故事，也没有太大区别——唯一的区别就是，当我回顾那些具有重大影响的经历和主要转折点时，我集中关注了我对金钱有何新的了解，以及它如何影响了我的人生和身份认同。你们也一样。你的金钱故事就是你在潜意识中对金钱的看法的合集——应该如何赚钱，对金钱的欲望意味着什么，腰缠万贯或囊中羞涩意味着什么。它揭露出很多信息，关于你，也关于你的潜力。在我的研习班上，我让各位女性先用一句话来告诉我她们的金钱故事。一方面，这样比写下一整部自传要容易。另一方面，要将故事浓缩至一句话，你就得认真思考故事的主要走向——以及你如何看待自己，以及自己与金钱的关系。比较常见的有下面这些：

“有了钱，我想买什么就买什么。”

“无论我多努力，就是存不下钱。”

“在经济衰退时期，如果要求涨工资就会被辞退。”

“金钱就是邪恶。”

“总有一天，我的王子会到来。”

妮莎在我的某个研习班上听到各种金钱故事时，也开始探索她自己的故事。妮莎的金钱故事？她没有存款，是因为她等着自己被拯救，被一个男人或者一家初创企业拯救——总之是除了她自己之外的某个人或某件事。好吧。“我嫁给了一位音乐家，”她回忆道，“我希望他能拿下一份唱片合约之类的，将我们解救出财务困境。”尽管她收入颇丰，但她放弃了留住钱的念头。

我们这些不健康的金钱故事在我们思维的背景中运转，侵蚀着我们的生活。妮莎认为，如果她过于擅长理财——用她的话来说就是，如果她对金钱拥有“完全的统治”——她就不得不放弃自己的女性特质。她将不得不对一切事情负责，永远都得不到她在生活中渴望得到的支持。她认为，她需要对金钱保持无知、无意识，才能幸福。

更深层的因素

我们许多人在成年生活中并不了解金钱。我们没有把金钱视为一个有趣或有价值的游戏。相反，我们与自己的财务切断关系，或者避免接触它们。在内心深处，我们知道并没有合理的理由支持自己不进行个人财务管理，但不知为何，我们不去处理，反而觉得这样更幸福。下面是我从其他女性口中听到的一句话金钱故事：

“我的思想是创新的、非线性的。我把财务问题留给他人。”

“我丈夫喜欢管理我们的投资。我完全做不来。我的大脑就是缺少这一块。”

“万恶的资本主义，我才不要陷入其中。”

关掉大脑中思考金钱的那一部分，反而使我们感觉更好，这真是讽刺。而且，误用金钱、将自己置于险地，似乎要比查看银行流水、了解我们的选择、真正看清我们所处的位置，更让我们感到满足。其根本原因就是，哪怕只是想看一看我们拥有的金钱和资产、了解我们想要什么，我们心中就已经充满了恐惧。这是为什么？

许多女性认为，在数学和量化思维方面，她们天生就不如男性。我们以为理财需要很多很多复杂的公式，或者一着不慎满盘皆输，又或者理财会危及我们主要的人际关系和我们在家庭里的角色。而且不存在什么强有力的理由让我们必须参与理财。难道最终不会有人替我们处理财务吗？如果我们一直等待财务上的拯救，那么我们就不必面对确凿的事实——我们不会理财，或者我们精于理财。然而事实上，理财的技术含量并没有那么高。要参与理财，并不需要读一个硕士学位。我们并非无法理解我们面前的信息，而是有一些更深层的因素，那就是我们对金钱的看法——有钱（或没钱）的意义，我们全都消化不了。

我们的金钱故事带来的压力太大，所以我们就充耳不闻、视而不见，让其他人替我们研究那些财务文件。女演员波姬·小丝在美国国家公共电台的播客节目《死亡、性与金钱》中很好地展现了这一点。她对采访她的安娜·赛尔说，自从 1966 年在象牙雪洗涤产品的广告中完成电视荧幕首秀之后，她就一直与会计师和律师打交道。在那一整段时间里，那些塑造了她整个人生的财务文件和法律文件，她从未过目，也不懂其中的内容，她只是把这些文件交给其他人。行业术语令她招架不住，理解起来要花无穷无尽的时间。为什么不直接让专家来处理呢？等她到了 50 岁时，她才开始自己读合同。

在我一直以来听到的金钱故事中，这是很具代表性的一个例子。我们不把金钱视为通往自由、选择和安全保障的清晰道路，而是担心它索然无味，而且咄咄逼人。我们经历的已经够多了，我们拼了命地工作——我们累坏了，是时候让其他人来接手了。仔细想想，我们的金钱故事与童话故事有着一样的基因，比如《睡美人》《白雪公主》《灰姑娘》《长发姑娘》——总有一个故事是符合的。

金钱昏迷

觉得公主都是花枝招展、养尊处优、古灵精怪的小姑娘？再重新想想吧。事实上，所有这些公主都经历过困难时期。她们的美貌毋庸置疑，但她们同样也非常坚强。这些小姑娘受到了继父继母或者邪恶善妒的教母令人胆战心惊的不公平对待甚至虐待，虽然处境日益艰辛，但她们全都鼓起了非凡的勇气，召集资源，让原本不大可能与之结盟的人成了身边的盟友，以生存下去并获得胜利。直到有一天，一切负荷变得太重。她们无力处理，全都宕机，陷入昏迷，直到英雄前来解救，解决她们之前无力处理的那些问题。之后，他们就在一起过上了幸福生活。

我敢说，我们大多数人或多或少对这种故事有共鸣。我的意思是，我们理解这些小姑娘的感受，对吧？我们历经艰辛，我们做了力所能及的一切事情，帮助我们自己和我们身边的所有人——现在我们只是累了。能不能让我们休息一会儿？我们只有几件事情需要帮助，这些工作如果我们试图独自处理的话，真的会把我们逼疯。男士们，如何啊？能解救公主吗？如果你们需要先去狩猎、完成英雄的任务、与父母或王子进行皇家挑战的话，那就去做吧！无论需要先解决什么问题都可以。但现在，我们先打个盹，等你们回来。晚安！

想到要管理我们自己的财务，我们许多人也会感到昏昏欲睡。我称其为“金钱昏迷”。我完全理解我们为何会陷入金钱昏迷。但是，陷入金钱昏迷是危险的。你的自由和“主权”，你的梦想和保障，都会悬而不定。金钱昏迷令你沉睡，令跳出游戏变为一件似乎完全可以接受的事。但事实并非如此。当你在沉睡时，你会做出对你不是最有利的决定，这些决定将源自恐惧、绝望或完全的无意识状态。此外，陷入金钱昏迷并不能保护我们。相反，它使我们更容易受到伤害。

面对一切

我也曾陷入金钱昏迷，我的金钱故事带着我径直走向了金钱昏迷。我告诉自己，要成功就必须花钱；我告诉自己，我擅长赚钱，所以如果我想多花钱，那我多赚一些钱就好了；我告诉自己，我不需要存钱或者投资，因为总有一天，我的收入会非常丰厚，这些都只是鸡毛蒜皮的小事。在我陷入金钱昏迷时，我对自己说，等我醒来，一切都将迎刃而解。而我最不想做的事就是醒过来，思考何为财务保障真正的构成因素。

公平地说，谁又能责怪我这个第一次买房的人陷入困境无法脱身呢？没人告诫过我。中介、银行或者其他涉及此事的任何人都没有一句提醒。不过，必须处理事情后果的人是我，而且后果还很严重。我十分肯定地认为，我理应知道些什么，在我之外，理应有其他人提供一些提醒。显然，我很可能责怪自己。我可能会认为我的这一场财务灾难暗示着我只不过是又一个确实不善于理财的女人。我可能会觉得我的处境已经毫无希望，我应当停止处理财务。从某些方面来说，我注定因为我的金钱故事而失败，这个故事里充满着超越我本身的因素，比如要求我要显得成功、要出手阔绰的社会压力。

“金钱触及生活的方方面面，”纽约金融专家阿曼达·克雷曼说，“（自我价值低）或者不会区分边界，觉得不能准确探索自身需求的任何想法——所有这些都会通过金钱表现出来。”谁想面对这一切？你可能想要重新酣然入梦。但是，在你的无意识下，你的金钱故事只会不停把你带入麻烦之中。

我至今已经与上百万女性互动过，在舞台上、在我授课的课堂上，或者通过DailyWorth网站的社交社区。你知道我发现了什么吗？我认为，我们许多人最终面对自己的金钱故事，只是因为我们在某个时间点不得不这样做。一些事件触发危机感——离婚、金融危机、生活剧变——我们不得不处理残局。我们别无选择。我们不得不重整旗鼓，不仅是心理上，更是财务上。我们对此并不开心。

我们觉得自己是受害者——我不懂这个，必须由其他人替我来做，我没这个能力，太难了，这样做意味着非女性化，等等。但事实上，我们有能力改变我们的思维和行为。“我们的金钱故事告诉我们一些有意思、有帮助的事，但这通常不是完整的现实，”克雷曼说，“抛掉这份幻想，或者有能力去定义它，并将其看得更透彻，做到这点极其重要。对某些人而言，只要做到这点，他们就能开始改变了。”

重写我们已经内化的故事，一开始并不容易，但仍然是可以做到的。我们能否改变故事，从而使理财变成一种享受和趣味，并且帮助我们实现梦想和愿望？这是彻底的转变——而且真的值得。

选择你的童话故事

虽然人人的金钱故事都不一样，但大部分有着共同的主题。一旦你找到了你的故事，你就能开始拆解，建立一个新的故事。你甚至可以选一个童话故事。以妮莎的故事为例。和《白雪公主》一样，妮莎的人生焦点一直是美貌，直到她发现了自身隐藏的勇敢、勤勉和怜悯之心，因此转变了人生方向，投身于服务他人和倡导理念。但她仍然想保持女性化，仍然关心美貌，这于她而言，意味着“我不需要处理理财或投资方面的事——那是我男人该做的事”。她陷入了自我陶醉的金钱昏迷，不为她此刻正在做或过去曾做过的事情负责。她坚持认为自己会抽中头等奖，这是她应得的。然而事实上，她在放弃自己的能动性，放弃引导自己人生走向的能力。

艾丽的金钱故事则更像《睡美人》。她所有的购物、与金融机构的交易，都是在梦游状态下进行的——写了一张张空头支票。一切都是一场梦，对吧？但她醒来时，需要痛苦地面对银行和家人。瑞秋的故事则有点像《灰姑娘》，她认为物质——大笔消费——能让她带着更强的自信和能量而生活。她的阔绰出手能够让世界看见她的精气神，哪怕——她打趣说——她工作到 75 岁才退休，也还会有 180 万美元的缺口。（读到这里你可能感到了羞愧——其实我也和你一样。）

现在，妮莎已经将爱情和金钱分隔开来，不再将二者混为一谈。现在的她说：“我在财务上有了责任心。我希望我的伴侣也在财务上负责，谁赚钱更多并不重要。”钱多了，并不意味着浪漫就少了。“有种超级解放的感觉。”至于艾丽，她意识到，当她清醒面对现实以及金钱时，她才能够真正选择她想要的生活。这不仅是一种新的理财方式，也是一种新的生活方式。当瑞秋直面她的金钱故事时，她不再将花钱当作令自己感觉强大的方法。“我开始重新意识到自己的脆弱，同时，我也发现自己不想穿买来的那件昂贵的机车夹克了，”她对我说，“真是扫兴，因为那件夹克贵得夸张！”她转而开始利用储蓄和投资来支撑她现有的身份认同（顺带说一句，这样真的很棒）。

故事提词

虽然你的金钱故事很可能是在潜意识中写就的，但你能够在完全清醒的状态下对故事进行重写。这非常棒，也令人惊喜。你并非被困于牢笼之中。金钱方面的身份认同能够发生转变，而且不会有灾难性后果。你现在就能够创造健康积极的金钱故事。你能够将其传递给子孙后代。改变能够从你开始。我们只需要看看那些激励着我们行动的想法和观念。事实上，你的心理健康不仅取决于你是否能从发生在你身上的事件中找到意义，还取决于你是否能将其整合融入你正在持续进行的人生故事中。

美国西北大学的研究显示，那些能够以相对积极的方式去解读消极事件，或者能说出从困难中学到了哪些教训的人，往往自尊心更强，对未来保持乐观，并且感觉自己更有能力控制人生和影响环境。有时候，只需要对自己洗脑就能做到——每次我往厨房的罐子里投入一枚硬币，我都告诉自己我能存得下钱，我就是这样对自己洗脑的。这些也叫“故事提词”，也就是对心里的消极思维做出微小改动，从而改变你的看法。弗吉尼亚大学 2014 年发布的研究发现，那些因为感觉自己在智力和能力上不如家庭富足的白人学生而面临辍学风险的少数族裔学生和低收入家庭的学生，在观看了“教学”视频之后，在学术上、在社交上的表现都发生了全面逆转。这些视频里呈现的故事证明，虽然许多学生在进入大学时有低人一等的感觉，但大多数人通过刻苦学习以及勇于犯错或勇于寻求额外帮助，在几个月后都获得了成功。他们仅仅需要暗示之力，就能将自暴自弃的“故事”转变为个人的凯旋。

你也一样。看看你对金钱的各种看法背后隐藏着什么，看看你的许多财务决策背后有着什么驱动因素，这样做会带来许多力量。确保你的金钱故事对你有利，而不是有害。不过，这需要花费一点点努力。

两张短清单

我一开始打算了解自己的金钱故事时，写下了两张短清单，还用一个更短的因果连线将其结合起来。我来解释一下。在第一张清单上，我记下了我曾经有过的、解释自己花钱行为的一些观念。然后，我找出了促使这些观念发生改变的事件。在第二张清单上，我写下了我现在拥有的观念，以及我采取了哪些行动来支持我的观念。这是初始阶段非常好的一个练习——我会跟大家分享我的清单内容。

我曾经的观念和行为——过去时

- 我就是大手大脚。我内心深处就是这样的人。我喜欢给予。
- 我试图存钱，但总是因意料之外的开销而失败。
- 我理应有一幢大宅，开最新款的车，因为像我这样的成功人士理应以这样的面貌示人。
- 我需要花钱购买那些让我看起来像成功人士的衣服，因为如果不这样做，人们不会认真对待我。
- 永远不会有男人来照顾我，所以我必须不惜一切代价获得成功，哪怕这意味着为了拓展业务我必须先开空头支票。

触发事件：令人瞠目结舌的税单和家庭开销

我目前的观念和行为——现在时

- 我存得下钱。我先把钱存到一边。先存钱，后花钱。
- 出现财务问题时，尽管它们可能非常严重，但我能够应付，因为我有一张储蓄和投资织成的安全网。
- 我身边的人都会照顾我——家人、朋友、男朋友，甚至是投资人。我寻求帮助时总会获得帮助。

清楚了解你的金钱故事

好了，我们来实际操练吧。你对金钱到底有什么看法？你可能一直在对自己灌输一些想法和观念，而时间太久，你已经忘记它们只是虚构的故事，误将它们当作事实。首先，拿出一本新的笔记本，或者在电脑桌面上新建一个文件夹。你可以称其为“金钱真相”，因为这就是你接下来的目标：清楚了解关于你的金钱方面的事。

清楚了解你的故事并非为了让你感到羞耻和惭愧，也并非为了让你对目前处境和理想生活之间的差距而感到难受。所以，如果你对自己或者自己的财务决策感到不舒服，哪怕只有短短一刻，也是犯规。你即将决定一个能够鼓舞自己的与金钱相处的新方式。不要多想，直接迅速地写下你想到的第一个答案。你不必写出完整的句子，答案可以非常简短。我们开始吧。

1. 思考以下问题。我重复一遍，不要多想——直接写下心里想到的第一个答案。

- 你对金钱最早的记忆是什么？涉及谁？不涉及谁？源自何处？（5~10 分钟。）
- 成长过程中，你培养出了储蓄心态还是消费心态？请解释说明。（1~5 分钟。）

- 你认为当前金钱的来源应该是什么(工作、配偶、家人、遗产、投资等)？（5 分钟。）
- 在与管理金钱相关的以下各方面里，你有多少自信：储蓄、消费、投资、赚钱、赠予？哪一方面最强？哪一方面最弱？你想更多地学习哪些方面？（5 分钟。）
- 你认为自己拥有多少与家人、朋友相关的金钱？你实际拥有的与你认为自己应当拥有的一样多吗？你对此有何感觉？（5~10 分钟。）

先停一下，感谢自己有勇气写下这些想法。不要低估直面自己观念的难度，尤其是那些似乎是事实却对你已不再适用的观念。

2. 看看你在金钱之道方面对自己发出的信息。

- 写下你能想到的你经常告诉自己的与金钱相关的信息，可以是关于笼统意义的金钱，也可以是关于具体的某一笔钱，越多越好。（5~10 分钟。）

  例如：

  ○ 金钱让我拥有各种选择。

  ○ 金钱是力量的源泉。

  ○ 我赚的钱不够平衡支出。
  ○ 我不善于理财。
  ○ 我完全不知道自己的钱去了哪。

- 现在看看你列出来的各项内容，用下划线标出你想要改变的消极观念。（5~10 分钟。）

3.现在思考以下陈述，用下划线标出你赞成的陈述，用圆圈标出你不赞成的陈述。

- 我的伴侣 / 房地产 / 公司是我的后备计划，所以我不必担心现在的金钱问题或长期的保障问题。
- 理财是其他人的工作，不是我的工作。
- 我在金钱方面总是遇事不顺。只有好运才能改变我的金钱状况。
- 理财是男人的事，因为理财能够帮助他们积累力量。力量让男人更有吸引力。我不想掺和这种事。
- 我不知道拿钱怎么办，也永远不会知道。
- 我不能在保持感性的同时关心金钱——它们是互斥的。
- 如果我有钱，大家会觉得我贪得无厌、铁石心肠。我应当拿出所有余钱去帮助我的孩子 / 父母 / 朋友 / 有需要的人。
- 如果我制定详尽的预算并且严格执行，也许金钱方面的事我也能做得来。

- 我只要停止大手大脚地花钱就能有更多的钱。
- 经济这么差，没人付得起我需要的报酬或者我的资历所应得的报酬。
- 要是我要求涨薪，我可能会丢掉工作，上司会疏远我。
- 钱正好够用，我就满意了。再多要求就是自私了。
- 添上你自己的陈述。

好了，我们先歇一会儿，深呼吸。你刚才已经装满了好几个垃圾袋，将它们永远地处理掉了。现在我们继续。

4. 回头看看你上面对问题3的回答。找出一两个让你不能视自己为“理财好手”的影响最深的故事。将故事用完整的句子写下来，这样你就能清楚地了解这些故事。

- 增加一些令你感到鼓舞的细节。例如，“理财是其他人的工作，不是我的工作”可以变为“我和我的伴侣/配偶/顾问一起管理财务，与此同时我在学习如何更加独立地进行理财”。记住，这样做不是为了让你感到丧气！这样做是为了让你进行探寻，以便做出有意义的改变。（1~5 分钟。）
- 然后，自由地写下每一条陈述有多么符合事实——或者多么不符合事实。不要阻止自己或审查自己写的内容。奋笔疾书就好。（5~10分钟。）

5. 写下尽可能多的积极金钱观念——什么内容都行，只要你认同。额外行动：创造一个标志符号，手绘或者打印出来，贴在电脑附近。在支付各种账单时，没有什么能比提醒自己“我善于理财”的标志更有力量了！

以下是一些示例：

- 金钱使人向好的方向发展。
- 我的储蓄和投资账户的增长反映出我对自己的重视。
- 金钱支持着我的价值观和我的理想。
- 金钱是一种精神表达。
- 存钱不代表我自私。通过储蓄和投资，我给未来的自己提供着舒适、轻松、有保障的生活，并让自己不成为家人的负担。
- 我善于理财。
- 我有钱支持自己。
- 我拥有无限的赚钱能力。
- 索取我想要和我需要的事物，是很正常的。

明确你的金钱观念，肯定那些好的观念，摒弃那些过时的观念，创造新的观念。如果你的观念令你感到羞愧、无能、困惑或无助，那么是时候抛弃这些观念了。研究显示，自发地重复新的积极陈述，并且经常这样做，可以改变你的态度，从而改变你的行为。要让神经细胞以另一种方式运作，要花费好些努力（我不是开玩笑）。不过这不是不可能。没有什么“天生如此”，大家都是可塑之才。

真实、鲜活、健康

对金钱有全新的看法，可能会令你感到异常兴奋。你可能还会略微感到不舒服——因为你现在会思考一些从前没有想过的事情。抛弃陈旧观念，试验全新看法，既令人兴奋，也带来挑战。现在你已经意识到，对财务状况保持愤怒、困惑或疏离，都会比直面自己的财务状况带来更多的问题。你完全有可能创造新的观念。不要再根据你的消极金钱故事而行事——无论你潜意识中继承了哪些关于你和金钱之间关系的社会建构，它们被创造出来是为了吓倒你，让你放弃你的能动性。

记住：金钱即自由。只要控制了我们的理财方式，我们就能设计出我们想要的人生并生活其中。你不必在今天掌握一切（事实上，读完这章后，你可能需要放下这本书，出去散散步）。先将你新发现的积极金钱故事放在一边，做一次深呼吸。你刚刚完成的最重要的事情就是将原有的金钱幻想替换成了真实、鲜活、健康的现实。

你刚刚已经完成了一项了不起的成就，因为你确实值得拥有。现在，让我们继续来看看我们的主要话题：金钱本身。

第3章

扎下深根，张开翅膀

基本、主要的资产是你的深根，收入和获取现金的能力是你的双翅，
将自己扎根在坚固的地面上，就此展翅起航。

听着，这一点真的非常重要：在个人财务方面，你很有可能正在专注于错误的事情。我一再地在我的研习班和演说中看见和听见这一点，研究里的各种财务调研也反复出现这种现象，那就是：

> 女性往往将预算和收入视为理财中最重要的方面。并不是说这些方面不重要。但是，秉承这种观念，就好像在欣赏由编织大师织造的一张挂毯时，只研究其针线凌乱纠结的背面，而不是将其翻转过来，品味其真正的艺术性和更为宏大的意义。

换言之，你并没有看到全局，更不用说掌握那些创造出具有持久价值之物的深层思维和技术——因为你全力纠结于那些细枝末节，长期来看它们不会助你达成任何成就。为什么我们会这样做？

说起来这并不是我们的错。一方面，千年来的文化风俗使我们羞于学习商务和宏观经济的驱动引擎，而只是关心小小的家庭世界，当然还有我们的健康和美貌。另一方面，甚至在现在，流行的女性金融媒体依然微妙地巩固着这种性别主义的心态。博客、杂志、数字媒体和电视介绍了各种各样创建和坚持使用预算模板的方法，以及如何做出改变使事业更加令人满意、报酬更加丰厚。巧合的是（或者并不是巧合），它们的主题和腔调都与女性杂志上关于减肥和健身的文章惊人地相似。仔细想想，做预算和节食减肥非常相像（都是开始并坚持执行一份计划）；为了提高报酬、为了事业进步而改变的主题，与那些指导女性改变身心习惯以获得更有精力、更具成就感的人生的文章也有着同样的基因。虽然这两种引导文章在某种程度上会有所帮助，但二者均鼓励将改变看作一种魔法。

缺失了，删除了

不客气地说，在节食减肥和觉醒生活方面听再多建议，也不会真正改变你的饮食方式或思维方式，除非你有意愿去直面内心最深处的现实。类似地，缩减预算或增加收入不会带你走向可持续的财务成功，除非你摊开所有事实，看到整个全局。毕竟，缩减预算本身，如同节食减肥一样，会阻止我们察觉其他可能，甚至限制我们享受人生的能力。我们会痴迷于这一习惯，从而看不见整体目标中的其他重要部分。另外，虽然增加收入能让某些事情变简单，但也会创造出新的复杂的问题，以及花费时间和金钱的新方法。别误会我的意思：你确实需要获得与你价值相符的收入，这一点我们后面会谈及。但我要说的东西更简单，也更深入。而且我发现，极少有女性意识到，要发展和改进我们的财务观念和行为乃至我们的生活，真正重要的是什么。

什么才重要？重要到你的整体财务保障都依赖于它？没有人在谈论它，那么我来坦率地告诉大家。

它并不是你的预算或收入！它甚至不是你的平均开销或者你的生活方式的整体成本。它对你的底线的价值比你的房屋还要高。事实上，它非常重要，你的整体财务保障都依赖于它——不仅是眼下，而且是一生。这黄金般宝贵的二字就是：净值。两个字组合在一起，就是通往你的个人财务和长期幸福的金钥匙。将这两个字烙印在你的大脑中。不过先澄清一下。“净值”这个术语现在被用于描述太多不同的事物——从自我价值和保持感恩等积极思维的比喻到必要资金和货币资金等晦涩定义——因此，我想说清楚我如何理解这一概念，如何在此使用这一概念，以及我希望你如何在自己的人生中看待这一概念。

建立 DailyWorth 网站时，无论线上还是线下，我都找不到一本合适的女性杂志能让我在其理财建议板块提及净值的概念。我读到各种预算方式、“租还是买”计算器，或者是关于改行或谈薪资的建议，但这些文章却不交代为什么要这样做。所有这些财务上的小碎块要如何拼凑到一起？它们完全没有解释任何更宏大的计划。缺失了，删除了。这样，我怎么能知道最终目标是什么呢？最后，我自己将其拼凑了起来。净值实质上就是你真正的整体价值，累加你所拥有的，扣除你所赊欠的。它的重点不是短期的收入和预算，而是长期支持和鼓舞你的根基和翅膀。

测量你的翼幅

你也许记得，在我还是叛逆少女时，我母亲对我说，要成功应对生活，我只需要根基和翅膀——基本价值观念和原则，以及掂量后再冒险的自信，这样我才能成长。这些年来，我常常思考这个比喻，并且将其运用到了生活当中，无论我的身份是母亲、企业家，还是研习班主办者等。我还将其运用于理财和为我自己做主的人生供资，我希望你也这样做。

在财务健康方面，我是这样来利用“根基”这一比喻的：根基是你的基本、主要资产；根基是你的长期投资项目，是你的退休账户、房地产、股票证券，还可能是你拥有的一家成功的公司；在某些情况下，也可能是艺术品、珠宝等贵重物品。根基随着时间缓慢增长。你无法将其轻松、迅速地转为现金，用其随心消费。它们需要你定期、周期性的关注，就像一颗植物需要浇水、施肥、除草。强健的长期资产是净值的关键，因为它们很难被侵蚀。另一个原因是它们能随着时间而积累价值、带来复利，能够让你钱生钱。处理得当的话，它们能提供保障，就像强大的根系可以牢牢稳住一棵树一样。

“翅膀”代表你的收入和获取现金的能力。你能飞多高多远，取决于你在货币市场和储蓄账户里有多少钱，也取决于你的消费方式和使用信贷的方式。通过你收入的数额和频度，以及影响你每日生活的财务习惯，可以测量出你的翼幅。使用得当的话，你的翅膀会用你获得的定期收入和任何意外之财于根基之上筑巢，为你的根基供资并保护它。但翅膀还会给你起飞的冲动和自信，让你自由地翱翔并享受人生，无论你选择哪个方向。

那么，如何根据根基和翅膀的力量来评估你的财务状况呢？问自己几个问题就行。短期的困难和损失是否不会影响你的基本稳定性或你对理想生活的最终愿景？如果你手中有足够多的现金来处理紧急状况，那么当生活中突然出现财务问题时，你也能安然度过，因为你拥有强大的翅膀。

当你想象自己在 5 年、10 年、15 年、30 年以后的样子时，是否会因为心知自己的资产稳定且平稳增长而非常有安全感？这样的话，你就知道你拥有强健的根基。但要如何估量你的根基和翅膀是否成功协作？方法就是定期检查你的净值数额。净值，帮你清楚了解你的长线游戏。

与许多美国人一样，你可能认为买房是一种投资。但是，我们在2008年金融危机中学到的教训是，只有当房屋在你拥有期间升值，买房才是投资。在净值方面，这样来想吧：我们通常说你“拥有一套房”，然而，除非你是现金付款，否则你拥有的只是一笔住房抵押贷款。以这种方式重新看待买房，你会发现，它可能对你的净值有着负面影响，至少在初期是如此。房屋不在你手上，而是在银行手上。你欠银行钱。

维持净值为正很重要，因为它能在你事业停止时继续带来收入。大家都知道，无论你是暂时失业还是退休，不会因为你没了收入就不必偿还贷款了。如果你的净值为正，你就能创造收入，你拥有各种选择。如果你的净值为负，那代表你身无分文，无论你此前巅峰时期收入有多高。你几乎没有什么选择。净值是衡量财务保障的唯一真正标准。

我的处境一直很糟

在这一章里，我将引导你认识你的净值。你的根基和翅膀将助你供资你自己的梦想——你真正想要的生活——而不会危及你未来的财务安全。集中精力去了解和提高你的净值，意味着从微观心态转为宏观视角，从吃力应付各种琐事转为管理全局，从负债和盲目消费转为全面了解自己的目标并且每天都有进步，无论发生什么。我还有一条好消息：你目前的净值高低——无论是正还是负——不会影响你的前进方向。你只需要朝着正向一直前进，不要陷入金钱昏迷，保持参与。

我要再次重复这一点，因为它非常重要：提升净值重点并不在于获得尽可能高的收入，或者至少并不仅仅在于收入能力。丰厚收入有所益处，这没错，但如果你存不下钱，收入增加反而会让你陷入麻烦。我知道这很激进。一方面，人们更能接受仅将收入或房地产视为安全保障和偿付能力的指标。另一方面，富裕解决不了所有问题，更无法保证净值为正。哪怕是年收入百万美元（或者更高）的女性，如果不将这份收入用于建立资产，她们也会陷入财务困境。收入是短暂的。我们知道，人们收入越高，消费水平也往往越高。如果没有好好地建立资产，促进根基生长，那么财富将会随着度假屋租金账单一起消失。

进行大额的“负责”消费也是这个道理。买房时如果没有衡量它在整个财务大局中的作用，那它更可能会带来灾难而非成功。听我说，它根本不会巩固你的净值。想想我曾经所为。我买下一栋大宅，首付付得极少，贷款数额太大。房子带来的家务量超出我的预想，维护费用不菲，而且房屋贬值了。我的6位数收入绝大部分都用于支付各种巨额账单。最后我得到了什么？负的净值，还有一身债务。

债务是提升净值的又一常见阻碍。我不是指负债本身，因为我们大多数人都或多或少有一些负债。我指的是：如果你的根基和翅膀无法承受你的债务负担，那么你的净值为负。这就是事实。现在，我们先暂停片刻。读到这点，你的心跳是不是漏了一拍？深呼吸，留意你大脑中可能正在往外蹦的想法。“我真是毫无希望了！”“我失控了！”“我的处境一直很糟！”“我至少应该尽快储蓄或投资，并且更加认真！”别这么想。将这些负面想法扔进篝火之中。

事实上，要了解提升净值的方法并不难。听好了：减少负债，增加资产，你的净值就会提升。当你所赊欠的比你所拥有的少时，你就开始拥有资产了。你正朝着正确的方向前进，这也是你需要集中精力去做的事情。

年轻、无拘束、只对自己负责

你现在知道了，高收入或房地产并不能保证稳定，而哪怕拥有极高的债务，也不一定是件坏事。你也知道，你需要扎下根基并悉心养护。它们的作用刚开始可能看起来并不显眼。给它们时间，平稳地对它们进行供资。让这些根基长出枝条。你的净值的多少取决于资产的健康和增长。

我们来看一些数字，这样你就能看到实际的净值。我们以汉娜为例。汉娜今年 20 多岁，受过大学教育，办公室位于西雅图市中心，拥有一套小房子。记住基本公式：总资产（你所拥有的）–总债务（你所赊欠的）= 净值。以下是汉娜的净值数额：

资产	
住所转售价值	500 000 美元
应急基金	2 000 美元
401（k）计划[①]退休福利	30 000 美元
	= 532 000 美元
债务	
住房抵押贷款	400 000 美元
信用卡欠款	15 000 美元
学生贷款	100 000 美元
	=515 000 美元
总净值	
532 000 – 515 000	=17 000 美元

汉娜的净值为正。当然，相比她在房屋和教育中的投资而言，

① 401（k）计划是美国的一项退休福利计划，是应用于私人公司雇员的一项延后课税的退休金账户计划。雇主可自由选择提供这一计划与否，雇员也可选择是否参与。该计划允许雇员划拨部分薪水至个人的退休金账户，直至离职。——编者注

这一净值非常小。但她会慢慢偿清住房抵押贷款（降低债务），她的大学学位将带来更高的职业收入，她的401（k）计划中的金额将年复一年增长。汉娜的债务，我们称为“优质债务”。优质债务是指用来购买那些将来必定会升值的东西的贷款，比如房屋或者大学教育。“劣质债务”则是指你借钱去买那些将来要么贬值、要么会扔掉的东西，比如船只或者“热火”玩具枪。（我有一个10岁大的儿子。你懂我吧。）

汉娜也需要留意一些地方。短期来看，她的应急基金较少，她需要尽快将其增加至10 000美元。这是她对于债务和意外事件的安全保障，尤其是作为有房一族，因为总是会有意想不到的开支。

长期来看，汉娜需要保持警觉，密切关注所有可能会令她的净值降低的变化因素。西雅图和周边各县非常漂亮，也非常时髦，所以房产价值随着地段而有高有低。汉娜应当频繁跟踪房地产市场的动向，了解类似房屋的升值状况——或者并无升值的状况。希望她的房屋状况良好，不然维护房屋的费用可能就会抵销其价值。汉娜还需要在工作上保持警醒。如果她不在事业上有一些战略性举动，那么她的收入能力可能无法提升到她所需要的水平。

最后，汉娜还年轻，不受拘束，只用对她自己负责——这些是纸醉金迷的完美条件。像许多千禧世代的单身职业女性一样，也许汉娜喜欢频繁旅游，至少每周一次与朋友们尝试新的热门餐厅，在穿衣上出手阔绰，开车型时髦的车，等等。她的生活方式会体现在信用卡欠款中，这可能会影响她每月偿还学生贷款，或者她的 401（k）计划可能因此一直资金不足。汉娜在巨大压力下，可能在成年生活早期就轻易地陷入金钱昏迷。

然而，无论年方几何，净值的提升都是有意识、有选择的。否则，你会有陷入睡美人版长期金钱昏迷的风险，几年后醒来时，发现城堡摇摇欲坠，净值一片赤红。就汉娜而言，如果她现在醒过来，在日常生活和长期规划中做出清晰、有意识的选择，那么她完全能够建立起坚实的净值。净值越来越高，她也会越来越清楚自己走在正确的方向上。

被压扁的南瓜车

我们再来看一个更复杂的案例。我会向大家介绍我的一位朋友，她收入非常丰厚，拥有一套价值上百万美元的公寓（但不是真正拥有）。凯特今年 35 岁，住在纽约，在时尚行业工作，年薪 25 万美元——彻头彻尾的大人物。她住在价值 120 万美元的公寓里（真安逸），每年进行两次奢华度假。她有一辆普锐斯，平日保管在车库里，周末她与未婚夫开车至郊外放松。

好，目前为止她听上去非常棒——她确实很棒。不过，我们来细看一下她的资产和债务。凯特在 120 万美元的公寓上支付了

20% 的首付，每月需要还贷 5 000 美元。此外，她每月还要支付 1 000 多美元的合作公寓费用和物业费。别忘了，凯特在纽约时尚界工作，这意味着工作要求之一就是要穿得如同一位走秀模特。她每月在服装和配饰上花费 1 500 美元。

她身负 60 000 美元的学生贷款，信用卡里欠了 40 000 美元，利率是 16%。她的车每月需要支出 300 美元（还有停车费）。凯特储蓄极少——应急储蓄账户里只有大约 3 000 美元，与每月 15 000 美元的支出相比，这简直不值一提——她的 401（k）只有 50 000 美元。好了！有了这样一组数字之后，她的净值到底是多少？什么方法对她奏效？以下是凯特的数据分解：

资产	
住所转售价值	1 200 000 美元
401（k）账户余额	50 000 美元
汽车转售价值	28 000 美元
应急基金	3 000 美元
	=1281 000 美元
债务	
住房抵押贷款	960 000 美元
信用卡欠款	40 000 美元
学生贷款	60 000 美元
汽车贷款	18 000 美元
	=1078 000 美元
总净值	
1281 000 – 1078 000	=203 000 美元

凯特有着非凡的收入、公寓和衣柜，还有一份与她年龄相称的净值。但她使自己处于非常容易受到伤害的境地。为什么？她的翅膀如同蜂鸟的翅膀一样，震颤地扇动着让她保持飞行，但非常吃力。她的收入全都用于支撑她的高消费的生活方式和房屋月供。她没有任何流动性，不能定期为自己的根基供资。假如她明天失去工作，她会连一笔住房抵押贷款月供都偿付不起。每到月底，她手头现金都非常吃紧，甚至没有一分钱余钱用于偿还信用卡，因此债务越滚越大——年利率是 16%。凯特是美国富裕的月光族之一。

凯特的根基，要么生长不良，要么扎根不稳。35 岁，401（k）只有 50 000 美元（而且在她还清信用卡欠款之前不可能增长），这与她的收入水平完全不相称。凯特唯一的安全网就是房产，前提是她付清住房抵押贷款利息并积累资产。如果房市下滑，她的资产也会随之贬值。没错，她的公寓很有可能会升值，因为那是纽约，房地产通常都是很好的投资，所以她的计划最终也许会奏效。不过，将这么大的赌注压在房地产上实在冒险，特别是在房产维护费很高昂的情况下。

所以，当我之前说富裕不能解决一切问题时，大家还不相信我？虽然凯特住着百万豪宅、拿着丰厚收入，但她并没有资产流动性或平衡性。所以，尽管她的净值在纸面上看起来还不错，但她的根基很弱。凯特身上有灰姑娘式金钱昏迷的所有征兆。她魅力四射的生活方式及其所有光彩夺目的装饰都能轻易地瞬间消逝！那些华美的服饰也无法助她一臂之力。万一凯特失去了工作，需要花3个月时间才能找到下一份工作，怎么办？在此期间，她的信用卡欠款很可能会翻倍——她的储蓄在交住房抵押贷款月供之前就会用尽。她甚至可能不得不折价卖掉公寓，才能负担那些开销。这样做可丝毫没有魅力。凯特必须马上执行紧缩措施，不然钟声将会敲响——她的童话生活会变成被压扁的南瓜车。

正在形成的自由

在另一种生活方式里，你，可能收入平平，生活朴素但拥有坚实的净值。你的根基和翅膀在支撑着你。比如说，你的年收入与国家人均收入中位数持平，约75 000美元。你租住在一间朴素的公寓里，省下了原本可能用于房屋维修和维护的钱，并将其放入投资账户之中。你的学生贷款还剩下20 000美元，信用卡欠款4 000美元，401（k）账户中有150 000美元，由你和雇主共同注资，此外，你的个人退休账户还有从前雇主那里转存的36 000美元。你有一辆使用不很频繁的车，还有足够的应急基金（12 000美元）。

以下是你的数据分解：

资产	
活跃的 401（k）账户	150 000 美元
个人退休账户转存	36 000 美元
应急基金	12 000 美元
汽车转售价值	12 000 美元
	=210 000 美元
债务	
学生贷款	20 000 美元
汽车贷款	8 000 美元
信用卡欠款	4 000 美元
	=32 000 美元
总净值	
210 000 – 32 000	=178 000 美元

在这一情况下，虽然你的收入不及凯特的 1/3，但你们的净值几乎相同，而且你还更容易获取现金。你拥有强健的根基和翅膀。你的 401（k）和个人退休账户中有多样化的资产组合。你租房住，避免了支付维修费和维护费，这样就有更多现金来为将来的退休生活供资。虽然你不是过着大手大脚的高大上生活，但你的净值非常坚实，而且当你遇到麻烦时，你也有现金应急。

朋友们，这就是正在形成的自由。

你真正想要的东西

你已经比其他人先行了解了净值。现在，还有另一因素要考虑。这是目前为止决定你是否可以创造正净值的最有力因素。准备好了吗？这一因素就是你的自我价值。如果你不珍视自己，你就不会认真照顾自己，而是屈服于每一次消费的冲动。这会造成巨大的浪费。

自我价值这一因素带来的其实是好消息，因为没有什么事物能阻止你选择珍视自己。你不必获得认证，不必得到他人批准，不必等待，不必练出新肌肉。你要做的只是选择而已。你的心智是可塑的。大声宣告，建立根基和翅膀于你而言是值得的，然后做出支持这一点的选择，哪怕从今天才开始。

失败主义或自我贬损的想法会变成有害的金钱故事，我们用这些故事告诉自己，我们不可能在财务生活方面获得成功。这种拦路虎般的想法不仅不符合事实，而且还会导致焦虑情绪增多、自信减少，并且助长无助感和绝望感。根据斯坦福大学 2016 年发布的一份研究，要应对这种令人焦虑、麻痹的思维和行为，唯一的良方就是培养研究人员所说的“学习型心态”：“寻找具有挑战的任务，对其进行规划，并且知道如何坚持完成这些任务。”[13] 他们在这项研究中积极鼓励一部分受试者思考他们真正想在人生中做出什么贡献，并且说服他们接受困难工作以提高其智力和能力，这部分受试者和其余未被训练采用学习型心态的受试者共同参加了一场测试，内容是他们原本认为非常困难的数学问题，而得到训练的受试者解出的问题要比未得到训练的受试者多出 30%。

我想说什么？要有伟大的梦想，并带着勇气行动。不要因为担心自己已经搞砸了一切，或者担心自己无法弄清楚如何理财会搞砸一切，而在尚未开始行动之前就停下了脚步。心里感到害怕没有关系，照样去行动。解决那些你一直认为太过困难而无力解决的问题。

于我而言，珍视自我的秘密与通关《光神话》的驱动力别无二致，那就是愿意按下重置键。对你而言也是一样。你避免不了犯错，因为人人都会犯错。但那又如何？重置就好。弄明白你的错误，利用它们。你一定能弄明白你的错误，因为哪怕是最无力理财的笨蛋也都慢慢了解了自己的错误。那些明白自己在人生中真真正正想要什么并且知道小小挑战有益无害的人，都不会对重新开始感到害怕或窘迫。记住这一点：游戏永远不会真的结束。

双重束缚

对我们中的一些人而言，需要很多年时间才能让那些讨厌的金钱故事不再发出声音，不再说“这不是我的问题”或者“你在说什么，我根本不懂”。但是，你已经知道，净值并不是一个复杂概念。我可以将我知道的一切都告诉你，为你展现我犯过的所有错误以及我如何纠正这些错误，但即便如此，你的财务模式可能依然难以从消费型转变为储蓄型，或者从储蓄型转变为投资型。要开始提升净值，第一步是了解“为什么”。事实上，这个“为什么”也许就是女性抵御或重新陷入金钱昏迷的分水岭。

不过，难以接受“重视自己与关心他人并不冲突”这一观念的并非只有你一个，所有领域的女性领导者也都面临这一问题。2013 年《哈佛商业评论》的一篇报道研究了女性在主动或被动地站出来把握控制权时面临的微妙的性别歧视束缚。[14] 研究指出，一般情况下，领导者在工作符合自身价值观以及集体利益时，效率最高。这一组合给了他们一种愿景感，让他们的视野得以超越日常工作，看到未来的可能。他们对自己的任务感到自信，所以能抛却个人的疑虑和担忧，控制住局势。

但是研究者们发现，对女性而言，要想发展出以任务为中心的心态“需要进行根本身份认同转变”。为什么？因为在大多数文化里，典型的男性特征都是领导力中的重要品质——果断、自信、独立，而女性特征则与服从相关——友善、关爱、无私。这篇报道称，传统“女性”特质和“领导力”特质之间的差异，使女性领导者受到“双重束缚”。

听起来似曾相识。还记得妮莎吗？她觉得“控制”自己的财务生活、做自己的“主人”，等同于放弃女性特质。抱有这种想法的并不只是她一个人。从商界和政界文化到社会主流文化，以及我们自身的态度来看，整个世界都抱有这种看法。我们在这本书的导言中谈到过，在传统由男性主导的领域中获得成功的女性会被他人认为能力很强，但她们不受欢迎。此外，男性拥有“领导力特质”会被他人视为自信和强劲，而在女性身上，则是“傲慢”或“粗鲁”，甚至我们还看到了人们说希拉里·克林顿“病态”。哈佛的这份研究称，这还只是“双重束缚”中的第一个。

第二个呢？行为符合传统女性特质的女性领导者可能会受人喜欢，但不会受人尊重。她们似乎“太过感性”，做不了艰难的决定，而且“太过软弱”，做不了坚强的领导者。不过，研究者们发现，好消息是，当女性在自己或他人身上意识到这一微妙又普遍的歧视时，她们会感到充满力量，能够采取行动来抵抗其影响。

增强意识，加强知觉。清醒面对你心中对自己的偏见，你才能开始脱离金钱昏迷。重写你的金钱故事，将自己从性别歧视的双重束缚中解放出来，你将开始转变你的核心身份认同。听着，如果哈佛说了这能行，那么你也可以做到！

学会拒绝

然而，有许多女性感觉陷在她们的金钱故事中无法自拔，无论这些故事破坏性有多大，她们就是无法从中脱身。她们无法将新信息转化为必要的支持性行动。这是行动中的金钱故事，它是你的财务安全面临的最大威胁。记住，在文化层面，我们并没有做好准备在财务上照顾自己并且乐在其中。相反，我看见许多女性非常倾向于无私——放弃自己的工作、意见和想法，首先无偿地关心他人。所以，当我们优先帮助自己时，可能会责怪自己自私、吝啬或者是感到不舒服。要挑战女性工作应该惠及除了她们自身之外的所有人这一观点，需要花一些时间，可能还会让你感到一丝神经抽搐。

用下面这些想法测试自己。下一次你姐姐向你借钱而你手头吃紧时，对她解释说你现在“没有流动资金”。但这并不意味着你不能通过倾听来帮助她，你可以问问她为何会有困难，她还有什么其他解决办法。将你原本可能借给她的钱挪入应急基金。因为要乘坐飞机前往大学好友的婚礼而感到压力很大？婚礼听起来没什么好玩的。礼貌地拒绝邀请，将这笔钱挪入投资账户。10 年后，这笔钱将足够让你俩享受一趟牙买加周末游——只有你和她两个人。

想到拒绝向家人提供他们需要的钱，或者因为钱而错过老朋友的婚礼，你有何感觉？你能想象在全心全意关爱照顾家人朋友的同时，也照顾好自己吗？问问自己：当你提出拒绝时，你真正害怕的是什么？

在你的优先事项与其他人的优先事项之间找到平衡。它们并不互斥。关爱他人、参加他们的人生重大事件，也许是人生最大的快乐，我并不是让你不要帮助你的挚友和家人。我要说的是：无论是现在还是以后，都应该关心自己，平衡你的慷慨。要知道，当你有了根基和翅膀的力量之后，你会是更强大、更优秀的母亲、姐妹、女儿、朋友和供养家庭之人。当你财务独立时，凡事都由你说了算。拒绝他人时不必道歉，人们也照样爱你。决定要跳槽时，你有财力支撑自己。你可以选择你想要的东西。你的金钱压力会烟消云散。

仍然是决策者

听着，我知道要奠定稳定的基础并非易事，因为我们的默认设定是不看、不听，将偿付账单放在优先事项列表最底端——正好在叠干净衣服、清空洗碗机或者彻底清洗汽车之下。但是，当你在财务上照顾自己时，你就是在照顾身边每一个人——你的孩子有保障，你的父母不必担心你。如果你想在生活中做出改变，你完全有能力这样做。有了坚实的财务基础，你甚至还可以真正帮助你想帮助的人。托马斯·史丹利在《隔壁的百万富婆》（*Millionaire Women Next Door*）一书中写道，他发现百万富婆比百万富翁要慷慨得多。知道自己完全有能力负担时，奉献的感觉难道不棒吗？

不过同时，我也不会说谎。如果你在家庭之外没有工作——也许你正在抚养孩子，或者你打算改行，又或者是受伤后正在痊愈，等等——那么你创造净值的选择有限，但这并不意味着完全不可能。没错，如果没有收入，你无法缴纳个人退休金，但是你的配偶可以为你开一个“配偶个人退休金账户”，并替你来缴纳。此外，你也可以利用你在上一份工作中留下的退休金账户，人们通常称之为“转存”。你可以管理你们的共同资产，比如：房子——房子需要进行维护，以便保持良好状态或升值吗？或者是你的退休储蓄账户——你的资产组合分配是否合理和平衡？你没有收入，但不代表你就能将财务交由他人处理，然后蒙头大睡。保持参与。你是一位决策者，你拥有家庭财富的半壁江山。不要陷入金钱昏迷！

计算你的净值

现在才刚开始，你不必今天就让净值转为正数。明天也不必急。甚至在这个过程中，你可能会朝负数的方向走得更远。我为了从大宅搬到小公寓里时就是这样。这没关系。我当时正在调整航向，投入清晰的、更为长期的削减开支的计划中。调整航向可能意味着净值在正负之间来回晃动，甚或是开始建立资产（你所拥有的）的同时准备更加积极地偿付债务（你所赊欠的）。有时候，航向调整要许多年才能完成。我离婚后，不再拥有独栋房屋。这是重大改变——从住小城堡到后来租房住，落差非常大，我觉得自己是一个失败者。我也损失了那一大笔资产。但是，比起我的不适，这一改变所带来的财务益处要大得多。过着朴实的生活，我的现金不再吃紧。这意味着我可以开始偿付巨债，并且转而建立起退休储蓄。没错，这使我的净值在一段时间里暴跌。但因为我知道我走在正确的方向上，所以我没有慌。我知道我永远不会放弃。我知道，长期来看，我的净值会升高。就像皮特一样。我真的非常珍视这一点。

你的净值应当随着时间而升高。如果你在减少债务、增加储蓄和投资，那么你就走在正确的方向上。这能给人提供很大的动力。你还可以对净值进行年度或月度对比，跟踪自己的表现，然后在必要时进行调整。去年花费太高？过去几个月信用卡欠款增加了很多？储蓄不够？这一切都将反映在你的数字之中。所以，你的净值到底是多少？你现在就能知晓（我将在本书后续章节对此进行更详细的探讨）。

要计算你的净值，就把所有资产（你所拥有的）累加起来，减去贷款和负债（你所赊欠的），这个值就是你的净值。填写这张表格。你的净值是正还是负？

资产	
首套住宅市值	
现金	
汽车在二手车网站上的估值	
退休账户价值	
投资账户价值	
其他	
总计	

贷款 + 债务	
住房抵押贷款	
汽车贷款	
信用卡欠款	
房屋净值信用贷款	
学生贷款	
其他债务	
总计	

净值最好为正。但如果为负，也别气馁，这样会适得其反。自怜自艾基本等同于将你的钱烧掉一部分。为什么？如果你将宝贵时间浪费在思考那些你曾做错的事情上，那么你很可能会不再参与。如果你不再参与，你就会无意识地将那 2 000 美元借给你

姐姐，然后买一张 2 000 美元的机票，去往朋友的婚礼。一瞬间，负债 4 000 美元。所以，保持积极的心态。羞愧会导致无意识的冲动消费。对自己不要那么严苛，要有耐心。

看看你现在所处的位置——你已经清楚了解一切。这是巨大的一步。不带批判或悔恨的眼光看待你的数据是非常重要的第一步。

如果你的净值已然为正，那么你的目标数字应该是多少？首先，将目标设为你的年收入。所以，如果你年收入为 80 000 美元，那么你的第一个目标就是让净值增长至 80 000 美元。达到这一起始目标后，继续设定更高的目标。

仍然不相信你能做到？财务顾问乔斯林·布莱克·赫德斯说，每个人的自信心都会有起有伏，哪怕他们已经清醒地认识自己的财务情况有一段时间了。“身为财务顾问，我有时会嫉妒我的客户——并不是因为他们的财富，而是因为他们有足够的自律和决心去做正确的事，令他们得以积累财富，并且在许多情况下可以令他们提前退休。”她对我说，“尽管我有专业知识，但我和其他许多人一样，有时很难控制自己不去做错误的事，而错误的事会让腰缠万贯都变成白日梦，更别提退休什么的了。”所以，抖擞精神。我们所有人都在应对着我们的金钱故事、我们的不安全感以及生活的不可预知性。你能做的最重要的事就是待在这个游戏之中。

净值目标

	年收入 5 万美元	年收入 10 万美元	年收入 15 万美元
25 岁净值	25 000 美元	50 000 美元	75 000 美元
35 岁净值	25 万美元	50 万美元	75 万美元
45 岁净值	65 万美元	130 万美元	195 万美元
55 岁净值	85 万美元	170 万美元	255 万美元

注：这些并不是硬性规定——所以如果你离这些数字还很远，请不要感到泄气。这些数字只是为了让你大概知道你可能达到的水平。

一直如此

实事求是地说，你无法预知你的处境会发生怎样的变化。我母亲认为，如果她嫁对了人，那么一切都能“迎刃而解”。但是，她最后却成了离异单身母亲，带着三个孩子。我的朋友苏西做到了首席记者，之后数字时代的到来使她收入骤减。我在 2007 年买房，到 2009 年，房子贬值了 20 万美元。然而，我的祖父母在 1950 年买了一套 9 万美元的房子，一直住在里面，拿着教师可观的退休金，直到离世。

你在今天、明天、下个月知道你的净值，也不能让你避免跌宕起伏的人生。一直都是如此！即便你认为你严格遵守着规则。但是，如果你的净值尽可能地朝着正向发展，那么你将更能抵抗大小意外的冲击。事情一定会有盛有衰。你可能觉得自己没有走在完成退休目标的正轨上——或者甚至离偿清所有债务都还很远。

但是，重要的是，你正在做的事情将建立起你的长期保障。你可能并不会马上就有现金流或者充满资金的个人退休账户。但是，一步一步走下来，你会规整这些事情，最终这些优秀的财务习惯将变成你的第二天性。到时候，你每天醒来时都会坚定地说："我正努力提升我的净值。"

为之供资

净值的意义在于让你关注你的个人保障，在于让你拥有理想状态下可随着时间而升值的资产。它意味着持续朝着正向前进，哪怕途中遇到挫折。因为财富——现在和将来都有钱——并不是从天而降的魔法飞马。财务保障并不是在你正需要时就掉下来解救你的一笔意外之财。

自我价值创造净值，净值支持着自我价值。如果你相信拥有个人财务独立是值得的，那么你就是在对自身进行储蓄和投资。拥有适中而可实现的短期和长期的成功愿景，将激励你持续集中精力朝着某一方向努力。虽然我们永远无法预知生活将给我们带来什么挑战，但我们总是能将过上我们想要的生活作为我们的目标。这不是错误，也不是自私，更不是非女性化。这是勇敢，也是诚实。它比其他做法要诚实得多。

拥有你的价值，过上你想要的生活，为之供资。

第2部分

你的财富

- 让人生更加从容与自由 -

增长金钱，充实头脑，拓展人生。

第 4 章

你的财务类型与投资策略

谈到钱时，你是谁？了解自己的财务类型，做出最佳投资。

恭喜！你现在知道了你的金钱故事，也知道了迄今为止在潜意识中驱动着你的因素。你知道了什么是净值，以及为什么要使净值朝着正向移动，这是最重要的一点。你现在知道了，你的根基就是你的资产——随着时间而缓慢升值的投资。你也许还更清晰地勾画了你想要为之供资的生活，了解了目前在你面前的这一大好机会。信息量很大。现在，我们将更加深入实际，进行更具体的探讨。

在这一章中，我想帮助你决定你的最佳财务根基。我想先向你概述一下各个主要的可选项，然后帮助你找到最适合你的个性、预期和生活方式的根基——也就是说，能让你稳定下来的根基

（也许对其他人来说反而是个负担）。选择你个人有动力去不断加强的根基，这一点至关重要。有了对的根基，你就会全方位盯紧你的收入。现在你可能会说，但是根基由收入来供资啊——难道不应该先谈谈我的收入吗？还有怎么做预算？我需要哪些账户？先来谈根基。扎根在展翅（获取现金的能力）之前。如果你不知道自己的最终目标，那么你也就没有动力去更加关注你的日常金钱习惯。你的开支和信用评分只会变成另一堆“待办事项”。感觉就像你不能好好处理这些问题，这种感觉很糟糕。

所以，与其将工资冲动地消费在枕头、唇膏、闹钟和大型超市里的旅行杯上，你应当先把钱存下来，并为此感到活力焕发。因为你有理由这样做：你正在为你的根基供资；你正在为未来的你提供稳定；你正在增长你的自我价值；你正在对自己说：“我将有能力处理路上的任何障碍——无论有多困难。”突然间，你将看到你的习惯对你的净值有直接影响。你意识到你能够调整这些习惯，让它们对你有利。你有这份力量。你处于控制地位。你要进行的只有一个游戏：你的人生。

不必担心未来

我们首先来复习一下什么是财务根基。从定义上看，根基是难以触及的。你不能立马将其转为现金，将自己解脱出困境或为过去的冲动消费买单。当偿还信用卡账单遇到困难时，你不能轻易将你的投资项目变现。（至少要经过反复思量——并且这是最不得已的方法。）如果将其变现，你将损失一大部分钱。你的净值可能会暴跌。但是，如果你为根基供资，让它们生长，它们会为你带来长期回报（理想状况下）。所以你不必担心未来。它们将缓慢而稳定地提升你的净值。听上去不错吧？我们来一个接一个地看一看主要可以选择哪些财务根基，这样你就能了解一个大概。然后，你将思考哪种或哪些根基最贴合你的财务类型，也就是你个人处理人生和金钱的方式。

退休储蓄账之一：401（k）计划

美国主要有两大类退休储蓄账户，你可能已经都有所耳闻：401（k）计划账户和个人退休账户（IRA）。我们将在下一章里进行更为详细的介绍。如果公司允许雇员直接将工资的一部分存入某个退休账户，这个账户一般来说就是 401（k）账户。如果是非营利组织，那么这类账户是 403（b）账户。你可以决定公司将多少税前收入直接存入你的 401（k）或 403（b）账户，之后就会自动扣款。你几乎不会注意到工资少了这部分钱，而且这部分钱还免征个人所得税。这是真正的双赢局面。

注意：你必须明确提出加入 401（k）账户投资的基金，否则你的款项可能会被留在无利息的现金账户里，这意味着钱不会增长。这些年来我遇到过许多女性，她们以为自己一直投资于公司支持的账户，结果却发现她们的钱并没有通过投资而实现增长。你不要也变成那样！你一定要确保你的资金被投放在退休账户中时加入了公司支持的基金。

与公司负责 401（k）的经理坐下来谈谈，确保你的钱投放于投资基金。投资基金有许多不同的类型，共同基金、交易所交易基金（ETF 基金）等。所以有必要抽出时间进行一场正式会面，问清楚你能想到的所有事项，然后问问是否还有你不曾问到的问题。没有什么问题是愚蠢的。我再说一遍：没有什么问题是愚蠢的。这关系到你的钱。

退休储蓄账户之二：个人退休账户

如果你不能通过雇主来积累退休金，那么你可以开设一个个人退休账户。注意：个人退休账户本身不是投资。它是拥有特定税务规则和优惠的一类账户。首先，你可以选择传统型或罗斯型账户。如果你有开设罗斯型账户的资格，那么你的账户存款来自税后收入，这意味着当你退休后从账户中提款时，你不必缴税。当你年龄大于 65 岁时，这可能意味着一大笔钱。年迈的你将会感谢现在的你。

无论是传统型还是罗斯型，在为你的个人退休账户注资前，先了解规则。规则非常多，我不能都写在这本书里，不然你的眼神会呆滞起来。不过，下面这个例子可以激发你的兴趣。

你可以拥有多个个人退休账户，但在 2017 年，你向所有传统型和罗斯型账户中存款的总额不能超过 5 500 美元，计算下来就是每月 458.33 美元。所以如果你失误了，超出上限多存了 2 000 美元，那么美国国家税务局（IRS）将每年对你罚款 6%，即 120 美元，直到你取出款项并且提交修正后的税款申报。

此外，针对小型企业主，还有 SEP 型个人退休账户，即“简化版员工养老金”。如果你是唯一的雇员，SEP 型账户拥有所有个人退休账户类型中最高的存款上限。如果你有多名雇员，你可以为你自己以及所有在过去 5 年中的 3 年里为你工作过的雇员存款。另外还有个体型 401（k）账户或自雇型 401（k）账户。这是带有利润分享计划的 401（k）账户，意味着你的公司收入或你的个人贡献的特定百分比可存入你的退休账户。

调整组合

随着年岁增长，你会想要调整 401（k）账户或个人退休账户中的资金组合。这称为“资产配置”，重新平衡就是改变配置的过程。

几乎人人都应当有401（k）账户或个人退休账户。只在两种情况下，你才应当暂缓开始或暂时停止向退休储蓄账户中注资。

第一种情况是，信用卡欠款很多，且利率大于5%。为什么呢？假设你的信用卡欠款1 000美元，利率16%，那么这一年你将支付160美元的利息。如果你将这笔1 000美元的款项存入退休账户，平均增长率为5%，那么你会赚到50美元，这还不够支付信用卡利息。所以，先还清信用卡，维持你的现金储蓄账户，这样你才不会陷入债务深渊，之后再为退休投资。

第二种情况是，应急基金低于一个月开销。许多财务专家都建议，在存够足以应付3个月至6个月开销的钱之后，再向退休账户中注资。但据我观察，对许多人而言，存款的感觉就像仓鼠滚轮一样原地踏步。我的建议是，先存够一个月开销，然后将存款分别存入应急基金和退休账户，这样你可以体会到进步的感觉。进步能够激励人心。有了激励，你会更加轻松地关注这一方面，而关注则意味着你将进行更多储蓄和投资。我能看见日后的你正在对现在的你微笑，她为你感到非常自豪。

投资：慢即好

投资股市是建立长期财务根基的最简单方法——只要你关注长线和投资形式多样化。多样化意味着将投资扩散至许多行业。

共同基金和 ETF 基金从定义上看就是多样化的，它们通常代表美国和国际上的数百家公司。

最简单、最低成本的投资方法就是指数基金。指数基金是各种股票和债券的集合，反映着经济的各个领域。

例如，标准普尔 500 指数基金代表了美国最大的 500 家公司的股票状况。假如目前上市公司规模排名第 500 位的伯灵顿商店与排名第 502 位的尼曼集团互换位置，那么该指数基金将自动售出伯灵顿商店的股份，转而持有尼曼的股份。

指数基金是为了匹配标的指数的价格与收益率而设计的，就是这么简单直接。对公司的选择并非基于个人观点或基金经理的主观意愿，而是基于指数委员会设立的严格标准以及公司的股市市值。

主动型投资是指你个人在例如亿创理财等公司开设账户，并自主挑选投资标的。在 20 世纪 90 年代和 21 世纪初，无数的平民投资者决定辞职，去做“当日交易者”，希望能从互联网发展潮中捞一大桶金。我们都知道结果如何——不怎么好。事实上，结果非常糟。

只要你不是寻求快速回报（特别是在退休账户里），那么保守型投资是一种聪明、低成本的投资方式。目前，ETF 基金，即交易所交易基金，非常热门。记住，要关注长期回报。短期回报可能会让你看晕。你的账户可能在某天损失 20%，但两个月后上涨

25%。最好将眼光放长远，而不要只关注每日涨跌。

从历史经验来看，市场总是会重新上涨，尽管市场暴跌或崩溃后需要一些时日才会反弹。当你确实经历市值暴跌时，不要惊慌失措。

切勿将钱抽出市场，无论你感觉如何。

静静等待反弹。

如果你每年存入退休账户的款额都达到上限（你真棒），那么可以考虑进一步投资（这种投资就没有税务优势了）。无论怎么做，你都需要了解投资的运作方式。为什么？因为401（k）账户或个人退休账户里的资金和其他资金都一样，都是投资组合。

房地产：街的另一边

我们许多人都想有自己的房产。从艾森豪威尔时代开始，拥有一套房便是身为美国人的标配：既是只赚不赔的投资，也是长大成人的象征。现在有一些有线电视台，整个台都在制作耀眼的房地产真人秀——事实上，节目中呈现的都是精心设计的梦幻场景，旨在诱导观众相信，如果他们将时间和精力投入对一套完美的房屋的投资中，他们的生活将会魔法般地得到丰厚回报。这是真的吗？

如果你理解了与房地产相关的各项成本，房地产可能是一项很好的投资。拥有房产，会让你获得税务减免，为你带来切实的财务投资，并且让你在社区中有一席之地、深入扎根。它能创造收入，未来有升值潜力。事实上，住房抵押贷款越来越少，它的价值也就越来越高。有一天，当你老了，迫切需要削减生活成本时，你不必为住处支付租金。此外，房地产作为根基，相对比较容易理解——毕竟它看得见摸得着。

但是，和其他所有投资一样，房地产无法确保能带来收益。和所有财务根基一样，房地产有成本（购买房产），也有风险（回报不定）。例如，与退休储蓄账户相比，房地产升值的可能会更低。此外，周边景色优美、设备齐全的一栋大宅，其价值可能远不如一间相对而言破破烂烂的公寓，这取决于它们的位置——可能所处地区不同，但甚至也可能只是在街的两边。这并非意味着你不应该买房。你只是需要考虑清楚，房子是否作为资产，或者其开销是否是你想选择的生活方式。永远不要感到害怕，我们稍后会更加具体地探讨这些问题，也将在租房方面做一些计算。

你自己的公司：风险最大的根基

也许最不明显的根基就是建立一家公司，它的风险也最大。人们进军商界有各种各样的理由。有些人开公司是为了摆脱朝九晚五的苦差事。有些人则是为了实现一份激情：他们想提供其他人愿意花钱购买的优质服务。有些人垂涎于最终将公司转手（比如被硅谷天价收购）或者上市带来的巨额回报。理想状况取决于你如何建立起你的公司，理想状况下你能将公司以超过其盈利额的价格售卖给他人。许多企业都拥有宝贵的“无形资产”，比如与合作方签署的合同、原创技术、声名响亮的品牌等。这些都有价值。

与作为雇员被雇用相比，自己创立一家公司能为你带来更高的收入。公司作为一个实体，可以比你提供的按小时计费的工作更有价值。随着时间的推移，公司能在工作日 8 小时之外继续创造收入。此外，你可以将办公室政治永远抛在脑后，将自己彻底改造为厉害的企业家。你会知道你就是这块料，并且你的日程安排可以很灵活。这非常激动人心。

经营企业可能带来大量财富，但也可能导致负债和失败。如果你将一切都置于险境——你的存款、你的信用、你的血汗和眼泪，你就能看到持续的 6 位数收入吗？答案只有一个：也许。也许有，也许没有。不是每个人都适合经营公司。你会经历曲折的学习过程，面临巨大的财务风险。在头几年，你夜以继日地连轴转，在市场上证明自己——建立信任和信用、建立网络、吸引潜在客户、获得高销售额。在这四件事上努力很长时间后，才能看见营收增长。你必须有能力忍受赢利能力如过山车般大起大伏——甚至有时连工资都无法定期开出。但是，如果你有激情、有条理、热爱冒险的话，那么建立一家可赢利的公司可能是适合你的根基。

你是谁

好了，现在你已经大概了解了主要的根基类型——我们将在本书的这一部分内容里详细探讨每一种类型。但是，我认为，在你认识你是谁，以及你作为投资者可能会有怎样的行为方式之前，探讨这些细节内容并没有意义。在我看来，你想要扎下和培育的强大根基，以及你愿意处理的风险规模和类别，都应当与你的个性贴合。

我们都想要财务上的自由和安逸，但我们每个人都不一样。我和很多人不同，我能够容忍高风险的处境和机遇——我一直都是一个追求刺激的人。但很多人不是。我的直系亲属大多数做了一辈子的管理人员。虽然他们在面对股市起伏跌宕方面毫无问题，但他们完全不能容忍债务或收入方面的风险。你呢？

比如说，你是否渴望稳定，有一个美丽的家，并能融入社区？如果是的话，那么拥有房产就是适合你的选择。如果你还没有安定下来，也许会考虑搬到另一座城市，那么你可能对长期投资更加安心——你可以从手机上监测这些投资组合。归根到底就是要了解你自己。所以，你一定要知道你是谁。

五种财务类型

我与加利福尼亚州的精神分析学家珍妮弗·利·赛丽格合作，制定出了一套简单的方法，可以让你知道哪种根基可能更适合你，你有多强的复原力，以及你能容忍的风险有多大。财务类型是一套心理测验工具，能让你知道你在财务方面的天赋、长处和破坏模式。有五种财务类型：远见型、享乐型、独立型、生产型和养育型。每个人的财务类型都是以上五种的组合，并以其中一种或两种为主导。你可以通过 www.moneytype.me 网站进行金钱类型测验，或者继续读下去，看看你对哪种最有同感。哪种听起来最像是你？

远见型：平衡风险

远见型的人将金钱视为自我表达的工具和追随内心激情的手段。如果你属于远见型，那么你会驱动自己将所爱之事变成工作，并且当工作取得财务方面的巨大成功时，你也同样感到非常兴奋。有些远见型的人可能高度受到金钱驱动，而其他一些人则知足常乐，只要能在世间做自己的创意工作就行。她们的成长建立在将她们对世界的愿景表达出来的工作上，她们视金钱为成功的象征，证明她们的想法和成就受人重视。其他人可能会请远见型的人来为复杂难题思考创新的解决办法。她们总是思考如何扩大规模，可能拥有多重收入来源——她们可能永远不会只做一件事。

了解远见型：远见型的人喜欢他人认识到她们的价值，并投资于她们的项目。也因此，虽然她们无意如此，但她们可能会承担过多的风险，使她们在财务上容易蒙受损失。远见型的人害怕临终时“所有想法都仍然只是想法”或者没能“放声歌唱”。同时，远见型的人鼓励我们抓住机会，遵从自己内心的创新梦。

远见型之人面临的挑战：为了将来的回报而使一切都面临风险，未能有条不紊地打造当下的收益。

针对远见型之人的激励一问：既然你想要产生影响力，那么问问自己，通过建立根基，你能实现什么大梦想？

远见型之人的关键通路：

- **打造安全网**

因为远见型之人愿意为了更富创造力的生活而承担风险，所以，打造自己的安全网非常重要。远见型的人不想感觉被某位雇主或搭档束缚，她们需要知道自己能在不破坏整个财务生活的情况下拥有支撑自己做出改变的力量，所以必须拥有短期的现金储备。回顾一下你的开支，算出你的月度开支基线，然后努力存够让你感到安心的现金储备作为你的安全网。根据你对风险的容忍度，这可能意味着这个金额可以保证你 3 个月或一年的支出。

- **阅读合同细则**

远见型之人在其工作得到投资者和支持者肯定时会感到非常高兴。有人愿意为你的想法而投资，这种感觉很棒，但是，无论投资人看起来多么像天使，在与其合作之前，必须要阅读合同细则，并且做一些尽职调查。在确定投资伙伴关系，或者甚至是进行一次商业信用卡交易之前，远见型之人需要进行一番检验。换言之，确保你知道所有条款之后再签字。机会摆在面前时，先预想一下，充分了解会有哪些后果。如果你正在考虑与某位投资人合作或者进行融资，思考一下事情向前推进后会是什么模样，可以向律师或财务规划师等专业人士寻求帮助。

- **不要忘记税务**

如果你是在全职工作的同时进行兼职创作，那么确保留出一部分存款来缴税，这样你的创意工作就不会面临任何出乎意料的后果。定期对自己的存款和缴税进行梳理。不要只对自己保证说稍后会考虑这件事。

- **平衡风险**

所有投资都带有一定程度的风险，远见型之人必须了解她们的投资项目所涉及的风险。如果你是一名自由职业者或者自己创立了公司，那么你已经承担着大量风险，所以你应该试着在投资方面平衡风险——考虑多样化的投资组合，不要只是从朋友新开的餐厅里抢购一份股份。在全局中衡量风险，看看你需要在哪些地方更为保守一些，来平衡你已制订的一些令人兴奋的计划。

适合远见型的财务根基：退休账户、自己创立的公司。

享乐型：感到激励，而非潦倒

享乐型的人爱钱。她们爱消费，主要消费对象是物质商品、服务和体验。她们可能甚至也享受存钱，但通常她们心里都有消费目标，因为她们以活在当下的心态对待金钱。享乐型的人寻求美好的生活，喜欢上等事物，“上等”的标准由她们自己定义。她们为自己的好品味感到自豪，对这些女性而言，质量高于一切。享乐型的人努力赚钱，这使她们对于花钱、对于好好对待自己和他人都感觉良好。她们喜欢调动所有感官来享受生活，当她们有钱时，她们会邀请其他人一起享乐。享乐型的人在假日礼物或特殊场合礼物方面，出手有时过于大方。她们可能会开始进行副业或加班，以便能购买使她们感到愉悦的体验和奢侈品，并且会额外注意保持着装时尚。

了解享乐型：享乐型的人喜爱投资于有乐趣的体验、服务和产品。但她们也害怕会失去她们的生活方式，或是永远无法拥有她们想要的生活方式。享乐型的人可能会在无意中进行冲动消费，从而折损她们的财务前景。同时，享乐型的人让我们看到金钱能带来的乐趣，可以用钱来款待自己，享受生活中的美好事物。

享乐型之人面临的挑战：享乐型的人通常希望在当下享乐，所以很难将享受推迟到以后。

针对享乐型之人的激励一问：既然你喜爱财富和享乐——拥有美丽事物、养尊处优、受到溺爱——那就问问自己，你已有的根基如何能让你在年长时维持你的美妙生活方式？

享乐型之人更为宏大的计划：

- **注重有意识的消费目标**

选出你非常渴望购买的物品和体验，将其作为目标，进行储蓄。确保既设定了短期目标，也设定了长期目标。集中精力于你的奖励体系之中，要让储蓄激励你，而非让你感到潦倒。短期目标是指两年内的目标，长期目标可以是几年内的目标，也可以是退休等长远目标。举例来说，如果拿铁让你一天充满活力，那就不要省掉它，但一定要刻意远离诺德斯特龙高档百货店，直到你可以买下你真心想要的那个包的那一天。

- **先存钱后花钱**

对于不停刷卡（或扫码支付）的享乐型之人而言，有一个好办法就是每月自动储蓄，并且开一张内部的“工资条”——在你将钱分配用于储蓄和固定开支后，给自己发一笔工资，让自己安心、自由地花费这笔钱。

回顾你过去 3 个月到 6 个月的开支，清楚了解你的消费项目，确定哪些是“核心开支”或需求（房租或住房抵押贷款月供、水电费、汽车相关费用、食品杂货）。然后看看你在享乐品上的灵活开支，比如美甲、外出用餐、衣物、健身房会员费。将这些享乐品按照重要性排序，并且坚持使用这张排序表。

- **重新思考优先事项**

要小心债务筹资。无论你是追赶同事潮流或者只是犒劳自己，你很容易就会用信用卡来补足你的收入。如果你已经负债，那就优先偿付利率最高的那些信用卡。如果你确实要买房，那就谨慎行事。改造和装修的费用可能会将房屋的资产价值抹得一干二净。

适合享乐型的财务根基：退休账户、房地产。

养育型：优先考虑他人

养育型的人将金钱视为帮助他人的工具，无论对象是其伴侣、孩子、家人、同事、雇员或者社区。如果你属于养育型，那么你最看重人际关系，并且在进行财务决策时会考虑其他人（尽管有时你知道也许不可能优先考虑其他人）。有钱时，养育型的人热爱在财务上付出并扶助他人，而且，她们遵循“时间就是金钱”这条格言，对她们的时间也很慷慨。在一段恋爱关系或在家庭中，她们的首要任务就是好好地养家糊口。如果你心里主要想着的就是关爱他人、培养关系，那么你就属于养育型。房地产和退休账户将会是令你非常满意的根基。你可能只需要提醒自己，当你为自己的退休生活存钱时，你也能更好地照顾他人。

了解养育型：养育型的人喜爱为他人提供物质，确保他人安全并得到照顾，但她们也害怕让人失望以及无力支持她们所爱的人。养育型的人可能会在无意中在支持他人方面投入过多金钱，使自己的财务需求得不到满足。同时，养育型的人教给了我们利他主义以及利用金钱去爱和保护他人的价值。

养育型之人面临的挑战：优先并且持续地对自己投资。

针对养育型之人的激励一问：既然你热爱连接他人、关爱他人，那么问问自己，你已有的根基将如何让你得以表达对他人的关爱和恻隐之心？

养育型之人更为宏大的计划：

- **优先帮助自己才能更多地帮助他人**

养育型的人尤其具有付出精神，为人尤其友善，她们的开销主要花在所爱之人和自己珍视的事业上。利他主义是我们人人都能向她们学习的一项优秀特质，金钱不只是为了投资于公司或财物——金钱是对你所爱的东西进行投资和支持的工具。然而，同样重要的是，要记住空乘人员在你急切地发送短信和试图将手拿包塞到脚下时对你所说的话："戴好自己的氧气面罩后，再帮助他人。"这对于养育型的人尤其关键。

- **不要为他人而负债**

复利在储蓄中对你有利，在借贷中则对你不利。不要用信用卡来筹措资金给所爱之人买礼物或借款给他们。如果你发现自己正在帮助许多人解决经济问题，那么你需要重新定义何为紧急事件并且设定清晰的边界线。

- **优先考虑自己，保持健康人际关系**

如果你是一位家长，那么确保你已经优先考虑了你的退休生活，之后再集中精力为孩子的大学基金注资。你的孩子可以申请贷款——我知道这并不是理想状况，但是要好过等孩子长大了，你睡在他们家里的沙发上。如果你的恋爱对象收入比你少，那么你很容易作为贴心爱人，承担更多费用，因为毕竟你收入更高。这没关系，前提是你同时也在为退休生活注资并留有积蓄。

- **制定资助预算**

养育型的人可以制订一个以目标为导向的计划，使自己能对信任的人和事业提供资助的同时不会陷入险境。她们将得益于这样的计划。有意识地对信任的事业进行慈善捐赠，为提供给所爱之人的礼物和资助设定目标及限制，这样能帮助养育型的人制定出资助预算。这不是拒绝他人，而是支持你自己的未来，这样你才能在将来继续帮助那些你爱的人。

适合养育型的财务根基：退休账户、房地产。

独立型：太多规则

独立型的人甚为重视自由和自主权。如果你属于独立型，那么于你而言，重要的是按照自己的方式来生活，自由地追求幸福。独立型的人往往不怎么考虑金钱方面的问题，除非金钱阻碍了她们获得想要的生活。她们拒绝让金钱来主导人生选择，她们的选择可能在旁人看来难以理喻。她们可能视金钱为一个拥有太多规则的游戏，她们反叛他人口中既定的游戏方式。独立型的人对待金钱可能是一种“来得容易去得也快”的态度，但这是因为她们拥有资源——她们一览全局，自信能够玩转金钱游戏。

如果你只赞同你自己的体系、反对朝九晚五的生活、认为金钱“来得容易去得也快”，那么你可能属于独立型。房地产不适合你——特别是当你不想被束缚、不想安定下来时。退休可能无法让你拥有动力。因为你喜欢完完全全按照自己想要的方式来生活，所以，投资可能是最适合你的根基。最大化你的收入，然后最大化你的增长。然后也许——只是也许——可以拥有一家公司，这样你就是做主的那一位。

了解独立型：独立型的人喜爱将精力投入冒险和体验。但她们害怕不能按照真正的自我而活，或者只是为了拥有更多钱财而放弃自我。独立型的人可能会在无意中欠缺对金钱的关注，造成一些本可避免的财务难题。同时，独立型的人鼓励我们重新思考金钱在世间万物中的重要性。

独立型之人面临的挑战：意识到金钱的现实作用及其影响——以及其各种可能。

针对独立型之人的激励一问：既然你热爱自由和自主权，那么问问自己，你已有的根基如何能让你在当下和未来都能按你自己的方式生活？

独立型之人更为宏大的计划：

• 重新思考你对金钱的看法

将详细分析和规划交由他人来完成，可能对独立型的人有所帮助，也能减轻财务决策和制订计划所带来的一些压力和焦虑。这样来想：如果你拥有储蓄和投资，那么你能用这些钱让生活变得更为自由。我认识一位曾经担任对冲基金经理的人，他常常将他的银行储蓄称为“脏话钱”，意思是，这些现金让他能够在每天早晨醒来时心里知道，即使他对雇主大骂脏话，也不必担心没有钱支付住房抵押贷款月供。如果这对你有帮助的话，那就相应地给你的储蓄资金重新命名吧。

• 尝试社会责任投资（SRI）①

如果你感觉投资太有企业风格，并且规模大容易失败，那么你可以考虑社会责任投资。你的投资组合在经过筛选后，会排除那些与你的价值观相悖的公司的股票。

---

① 社会责任投资（socially responsible investment，简称“SRI”）是将投资决策与经济、社会、环境相统一的投资模式，旨在促使投资者在传统的金钱回报之外考虑社会公益、经济发展、世界和平、环境保护等。——编者注

- **向更有保障的未来迈进一步**

梦想着随时来一场说走就走的旅行？为了成为你梦想中未来的那个自己，你需要为这些短途旅行提供资金。现在就进行储蓄，并且好好利用延期纳税[①]的政策，那么在未来，你可能就不必继续工作，而是有能力随风起航。

如果你是自主经营，那就做些研究（或者雇用财务规划师——我们懂你），制订最佳的退休计划。如果你工作的公司提供退休计划，那就设定自动向其缴纳可观的金额。

- **设为自动驾驶模式**

想法要宏大，设定能够激励你的目标，设为自动化操作，然后回到生活中来。你能够将储蓄和开支，尤其是账单支付，越多地设为自动驾驶模式，你就有越多时间享受优质生活。

适合独立型的财务根基：投资、自己创立的公司。

① 在合法和合理的情况下，延期纳税可增加纳税人的现金流量，并无须为这部分现金支付利息；如果存在通货膨胀或货币贬值的情况，延期纳税也有利于企业获得更多收益。——编者注

生产型：结构和控制

涉及金钱时，生产型的人理智、勤奋，并且始终如一。

她们享受积累财富并看着财富增长。她们密切关注自己的钱，有条理地对自己的财务决定进行评估。生产型的人在财务上可能很保守，她们更喜欢最小化风险敞口，无论她们拥有多少钱。她们在金钱方面很务实，宁愿将钱省下来，也不会花费在她们认为不需要或者不必要的事物上。她们能接受预算和财务规划，因为她们重视结构和控制。

如果你很有策略、喜爱规划，那么你很可能属于生产型。你能够理解电子数据表和切实目标，所以大部分类型的根基都适合你，但经营公司除外——不确定性可能会令你神经紧张。首先，集中精力建起退休储蓄，因为这是考虑长期积蓄最有条理的方法。然后，你可以接触房地产和投资。虽然你容忍风险的能力也许尚可，但如果出现太多转折，你绝对会感觉压力太大。

了解生产型：生产型的人喜爱获取、管理和积累金钱，但她们害怕金钱方面出现重大损失，或者失去对金钱的控制。生产型的人可能会在无意中进行强迫性储蓄，对金钱的态度过于保守。同时，生产型的人让我们知道规划未来的重要性。

生产型之人面临的挑战：对于可能做什么或可以做什么太过死板。

针对生产型之人的激励一问：既然你热爱秩序和心安，那么问问自己，如果你已经达成目标，你要如何超越它们？

生产型之人更为宏大的计划：

- **建立适中的安全网**

建立良好的储蓄习惯是拥有坚实财务规划的关键，生产型的人通常都对整个储蓄概念了如指掌。然而，要是她们不当心，复利可能让她们过度兴奋，将过多的钱存入银行。清晰地了解你真正需要的安全网有多大，然后建立投资组合，让其余的储蓄对你有更大的作用。回顾过往几个月的开支，了解你每月需要多少钱支付账单和满足基本需求。然后，根据你的工作稳定度和风险容忍度，你可以使安全网等同于至少 3 个月的开支，或者如果更大的安全网让你感到更加放心的话，可以是接近一年的开支。

- **不要损失金钱（因为通货膨胀）**

有些生产型的人可能太过关注存钱，从而太少关注个人发展和享受。储蓄账户是宝贵的财富，但如果维持账户的代价是支付信用卡利息，那么情况就不同了。虽然通货膨胀在当前的经济下似乎是个笑话，但它是真实存在的力量。如果你在投资账户里的钱表现不佳，收益率低于通货膨胀率，那么你就是在损失金钱，因为你储备了太多现金。在建立起短期储蓄资金后，考虑投资于一个贴合你的投资期限、未来目标和风险容忍水平的投资组合。你不必从超级保守跳转至超级进取，你只需要与专业人士合作，了解你的投资组合应当如何改进。

- **自由职业者们，为未来而规划**

生产型的人通常在退休储蓄方面都很厉害，所以如果你是自由职业者的话，确保你的退休计划能让你最大化延期缴税带来的增长。例如，SEP（简易雇员养老金）型账户也许能给你提供比常规的个人退休账户更大的存款空间。如果你工作的公司有退休计划，那么重新确认一下你投资了哪些基金。利用你的自然倾向作为跳板，好好学习税金节减策略和各种退休选项，以确保你真正最大化地利用各种机会促进财富长期增长。

适合生产型的财务根基：退休账户、房地产。

在进行财务类型测验时，你的分数显示了目前每种类型对你的体现程度——这称为“贴合度偏好”。例如，你可能和我一样，属于100%的远见型。但我也属于62%的生产型，这使我有能力经营自己的公司。有些女性可能发现自己会非常极端——某些类型贴合度很小，其他类型贴合度很高。其他一些女性可能发现自己各种类型混合得比较平均，没有较强的偏好。如果你刚刚读完所有五种财务类型的信息，心里想“所有类型听上去都有点像我”，这也是正常的。

不惧风险

不是每种根基都适合每一个人。就我个人而言，我已经暂时排除掉了买房。由于 10 年前错误地买了房，我现在仍在恢复元气。所以，在过去 5 年，我一直在发展自己的公司，偿还因为房产和离婚而欠下的债务，储备积蓄，并且为退休积累资金。

无论你选择了什么根基，都要放宽心，要知道你不可能掌握根基未来的生长情况。你会自己做研究，上网搜索直到手指出血，打电话给你哥哥，并且为自己祈祷。但是，股市、房市和商业冒险的运作方式会使得意想不到的状况永远都可能出现。对待不确定性要安然处之，这是值得的。如果你觉得不确定性——换言之也就是风险——总是负面因素，那么请和我一起来进行改观。风险仅仅意味着不确定性。它既非正面，亦非负面。风险只是意味着你无法预见未来是好是坏。

你能承受多大的不确定性？在这方面，人各有异。可能要等到你开始建立根基时，你才知道自己的情况。所有根基都需要预支启动资金，并且需要注入更多的钱才能使其更坚实。比如说买房，首先你需要支付首付，然后房子需要维修和维护；再比如为退休积累资金，你首先需要开设 401（k）账户，然后持续定期向其中存款。你投入这么多，它们的价值将会增长多少？这取决于许多你无法预测的因素。如果你理解市场有涨有跌，而你在市场中玩的是长线游戏，那么你已经有了很好的开端。

如果你想一想，你会发现日常生活其实已经充满了不确定性。你去超市时，需要决定把钱花在哪，要买大罐橄榄油还是小罐的——现场很难知道买大罐多付的钱是否物有所值，或者将那么一大罐东西搬到车上会不会有引发疝气的危险。你必须当场迅速做出决策。这就是风险。好消息是，许多人已经研究所有这些根基很长时间了。你不必盲目猜测自己将要接触到的是什么。做出力所能及的最佳评估，然后就开始投入吧。

如果你曾经在房地产或经济萧条中受过打击，或者认识有此经历的人，那么你可能不愿意考虑重新建立根基。你可能想重新使用大萧条时期的策略，就像丽莎·鲍曼在克利夫兰的亲戚一样，把钱藏在客厅地毯下、夹在书里、塞进家具里。当丽莎的外祖母去世时，她和她的母亲发现整个房子里各处都藏着钱。但是，将所有资金都作为现金保存起来并不是确保未来有保障的万全之策。假如你今天将 1 000 美元存入传统储蓄账户，20 年后，它只值 500 美元。这就是通货膨胀：东西变得越来越贵，你的钱也就越来越不值钱。既然现在你已经懂得如何测量风险，那就不要躲躲藏藏。重新建立起你的根基。

开始行动

如果你因为缺乏知识而感到缩手缩脚，那么听我说：任何根基的建立都有简单的方法。我在大学时开始尝试进行创业。1999年，我建立了我的第一家电子商务公司，名为“Y2Kgift”（2000年的礼物）。如果你当时年龄还小，现在回忆不起来，那听我讲：1999 年是狂乱的一年，大家预计科技会发生一次崩溃。软件编程师当时只用 2 位数字来表示 4 位数字的年份，所以 2000 年与 1900 年无法区分开来。在 1999 年 12 月 31 日的午夜，我们害怕将会回到黑暗时代。各大新闻头条都在大喊着世界末日！大公司投资千万资金，对它们的软件进行重新格式化，将数据采集模式从2位改为4位。我的贡献呢？我制作了一个“2000年生存套装”，里面包括蜡烛、水、米和豆子。我打算将它们作为恶作剧礼物在 Y2Kgift.com 网站上销售。现在回想起来，这是个荒谬的商业决定，但是 20 岁的我认为这个想法非常妙。

我在花旗银行的 2000 年数据库升级项目中做兼职工作，挣了 2 000 美元，我把这 2 000 美元全都投入于生产那些礼物。我去了唐人街，买了一大袋米。我订购了一盒盒的蜡烛，打印了商标贴纸，包装好了 1 000 套套装。我母亲吓坏了。“你花 2 000 美元都买了些什么？”

“妈，”我对她说，“这比读一个工商管理硕士要便宜！”我一套都没卖出去。但我学会了如何从零开始搭建一个电子商务网站、设置信用卡交易、对产品进行市场营销。你需要从某处开始，你将通过试验学到非常多。别纠结于分析而不去行动。找一件事开始即可。现在，有那么多的免费工具，你都不必花费 2 000 美元。

在网络投资平台上向个人退休账户中存入 500 美元，比如 Betterment 网站、Aspiration 网站，或者 DailyWorth 旗下的 WorthFM 网站。它们将为你选择投资基金组合，可以做到最大程度的多样化，并且费用较低。你看看会发生什么吧。从小动作开始，风险最小。这还能让你有时间适应将钱放在除储蓄账户之外的地方。最大的危险——对你而言最大最大的风险——就是什么都不做。因为不行动就是一种风险。永远不参与其中，永远不接触这个游戏，永远不看一看存在什么可能，就意味着将我们自身的财务状况置于险境。

第5章

为未来供资

资助你想过的生活，做理想的自己。

我坐在餐桌边，看着我的孩子们，一个8岁，一个10岁。“妈妈对你们这么好，”我放下两份布朗尼蛋糕作为他们的午间特供甜点，提醒他们道，“等我老了，你们也会对我很好，对不对？在我又老又穷、无处可去的时候？”他们安静地吃着。我说的这句话带着夸大的成分。哪怕我的安全网分崩离析，我也会竭尽所能地避免成为他们的负担。但这种情况仍然有一丝可能成为现实，我想知道，到时候他们会不会照顾我。

近半数超过退休年龄的女性仍在工作。[15] 我想象自己已经89岁，满脸皱纹，弯腰驼背。我在DQ冰雪皇后冰激凌店里操纵软冰激凌机的拉杆，感觉就像在做卧推。手指关节阵阵作痛，没人注意时，我就把手伸进冷冻室里。呼，舒服。直到一大群顾客莽撞地走进了店里，各个年龄的孩子同时大喊着自己要这个要那个，声音刺耳嘈杂。我的视线模糊了。谁来把我的降压药拿给我！

在这种时候，我就会怀念《反斗小宝贝》（*Leave It to Beaver*）中的退休生活。天哪，一切都是那么轻松！在五六十年代，你的丈夫是公司的忠实职员，事业稳定，退休金有保障。65 岁以后的生活就是一场充分享乐的缤纷人生，坐游轮、做志愿工作、加入桥牌社、溺爱孙辈。我是说真的。那个世界——虽然很久以前第一波女权主义者正确地对其进行了抨击——比起现在这个世界确实更加令人向往，对不对？

现在已经没有什么切实的保障。1/3 的美国人退休储蓄为 0。[16]不再有“公司的忠实职员”——女性亦然。在过去 20 年里，人们在大学毕业 5 年内跳槽的次数几乎翻了一番。1986 年至 1990 年毕业的大学生，仅仅在毕业 5 年内，就平均做过超过 1.5 份的工作。对于 2006 年至 2010 年毕业的大学生，这一平均数字接近 3。[17]养老金呢？它们已经被大范围地淘汰了，取而代之的是 401（k）等退休储蓄计划[18]——前提是你运气够好，任职的公司提供此类计划。如果你属于占美国工作人群比例超过 1/3 的自由职业者，[19]那么你只能依靠自己。此外，虽然目前约 1/4 的美国女性收入超过其丈夫，但大多数美国母亲是单身，勉强维持着生活。我就是离异女性，还是自由职业者。我如何负担得起退休生活？孩子们，你们的想法呢？他们正吃得满嘴都是巧克力呢。

你没有假期

我直接说吧：女性退休的整体情况在纸面上看起来非常糟糕。根据美国劳工部的统计，只有 44% 的工作女性向退休储蓄账户中存款。[20] 女性缺少退休储蓄的可能性比男性要高出 30%。2/3 的女性（63%）说，面对退休，她们没有积蓄或积蓄低于 10 000 美元，相比之下，有这种情况的男性仅过半数（52%）。储蓄金额越高，性别差距也就越大。退休储蓄介于 10 000 美元和 99 000 美元之间的男性和女性比例几乎相等，但超过 20 万美元的男性的比例是女性的两倍。[21]

当然，女性处于落后地位有两大原因，一是两性的收入差距，二是不稳定的工作模式，我在本书导言中谈到过。由于女性比男性收入少，无论她们如何存款，都是不够的——哪怕复利丰厚，少就是少。而兼职工作——许多女性在抚养孩子或照顾老人时都会承接兼职工作——往往不提供退休储蓄计划，提供退休储蓄计划的仅占 49%，相比之下，对全职员工的覆盖率为 79%。[22]

但是与此同时，女性对退休储蓄的需求远远大于男性。举例来说，女性和男性对于退休的想法并不一样。对我们而言，退休并非一个漫长的高尔夫假期。男性将退休视为从工作中完全解脱，而女性视之为工作量减少，继续照顾家人、朋友，履行社会责任。[23]再举一例，虽然女性平均寿命更长，但年岁越大，医疗费用就越高。[24]不客气地说，当前的退休体系根本就不是为我们而设计的。

经济学家特蕾莎·吉拉杜奇2016年在《纽约时报》的一篇文章里称，养老金、社保和401（k）计划设计于20世纪初，原本是借由雇主和工会而得以保障雇员权利，[25]但政府并没有跟上美国人生活的脚步。到2020年底，婴儿潮时期最早出生的那些人将达到退休年龄，吉拉杜奇预测，赤贫老年人的数量将急剧增加。社保和各项服务将会吃紧。中产阶级已经非常薄弱，随着生活成本升高，他们负债越来越多，收入越来越少。根据《纽约时报》的一份报告，在2003年至2013年期间，一般家庭的净值已经惊人地下跌了36%。[26]但是，要想在65岁后维持现有的生活方式，我们可能需要一两百万——或者更多。研究显示，许多女性害怕到老年时穷困潦倒。[27]我们有充足的理由担心退休后捉襟见肘甚至无家可归。

精于此道

不过我这里有好消息。自2008年经济衰退开始，有兴趣理解自身财务情况的女性已经更多地参与到了退休储蓄之中。DailyWorth网站的数据显示，网站80%的读者（女性）实际上掌管着家庭的退休计划，63%投资于401（k）账户。几乎不存在逃避现实的情况。其他研究显示，一旦女性参与其中，她们并不比男性更害怕风险。事实上，女性的储蓄多于男性。我再重复一遍，你一定要看到这一点：在了解退休储蓄账户的内容或运作方式方面，女性的能力不低于男性。事实上，女性进行投资时，往往精于此道。[28] 富达集团在 2016 年的一项研究中发现，在 1 200 万投资者中，按工资占比计算，女性的退休储蓄始终高于男性——虽然她们的净值低于男性，因为她们收入更少。然而，她们的投资表现优于男性。

但大多数女性对于投资还是感觉不自在。我们在 DailyWorth 网站 2015 年的一项调研中发现，只有 12% 的女性对她们目前的投资方式感到满意。[29] 很大比例（82%）的人承认，她们对投资了解极少（富达集团的研究中，该数字为 90%），但她们想要去了解。女性知道自己了解不足，想要参与。并且——你知道我要说什么——她们有这种能力。我们有这种能力。我们有能力结束几十年的躲藏、羞愧、愤怒以及沮丧（我们的金钱故事）。我们都不必有和贾妮丝相同的经历。我们来看看现实生活中退休储蓄最后能有怎样的影响。

该问什么问题

贾妮丝在美国威斯康星州北部乡下的一个北欧移民社区里长

大。她母亲鼓励她离开农业社区，创下一份自己的事业，所以贾妮丝获得了学士学位，在学校里教书。她努力工作，进入了中产阶级，结婚生子，继续过着她以前从来不敢想象的美好生活。在20世纪70年代，她作为一位带着3个孩子的离异单身母亲，完成了研究生学业，最终获得了博士学位，成为一名获得终身职位的教授。哇！但和她的原生家庭一样，贾妮丝从来都不曾拥有大量财富。她的日常开销和责任（3个孩子）压得她喘不过气。所以，她没有注意将退休资金的储蓄进行最大化，也没有注意确保将退休资金的投资按照她的年龄进行合理配置。她对退休储蓄的直接经验来源，只有她的父母和祖父母得到的社保，以及在公立学校工作期间所得的州立教师退休计划养老金。401（k）和股市投资从来都不是她家庭现实生活的一部分。就连退休规划这个概念，对于那一代人来说也是闻所未闻，所以不存在什么知识传递。

我们快进到退休年龄。63岁的贾妮丝准备结束学术生涯，这时，她发现，虽然她在学术界换过5次职位，在3个州上过班，其间一直没有停止向退休计划存款，但退休金金额远远低于她的预期。这些资金没有在重新衡量后由股票基金转至债券基金，所以她的投资停留于风险更高的股票基金里，因为两次市场崩溃而贬值幅度巨大：一次是2001年互联网泡沫破灭，另一次是2009年房市的惨败。因此，她之前以为自己的退休储蓄有30万美元，但事实上只有9万出头，换算下来也就是每月700美元。

和她的许多女性同事一样，贾妮丝并没有跟踪其雇主提供的 401（k）计划的情况。她曾在俄勒冈州工作过 6 年，退休储蓄资金在俄勒冈州的系统中是受到保护的，所以她主观地认为资金会一直受到保护。她不清楚系统的运作方式，她的基金经理提供的指导也很糟糕。“我接收到的建议不够多，而且不适合我的情况，”贾妮丝终于明白了她是如何走到这步田地，她说，“我是家里第一代专职人员。我不认识任何参与过投资或拥有退休账户的人。在这类决定上，我缺乏知识，我拥有的信息不够，我连该问什么问题都不知道。”

于是，在拥有一份非常成功的事业以及多年的精打细算、储蓄和辛苦工作之后，贾妮丝却不得不依赖于非常吃紧的预算而勉强过活。70 岁的她生活在加利福尼亚州，只有在支付得起时才外出旅游（她的人生乐趣），并且时刻祈祷房租不会涨。退休生活本该是她放松身心、四处旅游、享受天伦之乐的时候，现在却要省吃俭用、深刻反省。贾妮丝的钱几乎不够过日子。

勇敢说出“我不知道”

贾妮丝的故事令人痛心。但是，如果她知道一些基本知识，她本来可以及时做出必要的航向调整。她听到的糟糕建议（这些建议不符合她的年龄与早期退休计划）令她在晚年处于危险境地。

然而，贾妮丝的故事非常常见。这是许多、许多、许多女性的故事。我们以为自己做了投资，但我们不知道如何评估我们的投资。我们对外寻求帮助，但我们无法判断谁在真正帮助我们。我们要么认为财务顾问是专业人士，所以密切关系着我们的最佳利益，要么完全不信任他们。我们忽视了真正的机会，在内心告诉我们事情出问题了时，我们也忽视了这些声音。我们害怕承认“我不知道”。但是，允许自己展示脆弱，去问那些哪怕似乎是最为基本的问题，并且要求解释清楚，确定我们真的理解，这反而才是我们的主要资产。我们是自己的私人理财经理。

2016 年，“高级竞争策略”商业策略咨询公司的研究人员对多位企业高管、咨询顾问、教授和学生进行调研，研究人们的心态是否影响解决商业策略问题的精准性。每个人对相同的一个简单财务问题做出回答后，研究人员评估了参与者对他们的解决方案的解释，并根据他们做决策时的表现将他们分为具有四种心态的人：（1）自信而缓慢（口头禅是“现在我知道了”）；（2）自信而迅速（“我已经知道了”）；（3）迟疑而迅速（“我猜”）；（4）迟疑而缓慢（“我不知道”）。

在一次实验中，大约 30 名来自同一家经营不善的公司的男性经理人（全都拥有几十年的商业经验）都对问题感到窃喜。问题简单得荒唐，答案很明显。但是，当他们在角色扮演的情景中运用他们的明显答案来对抗竞争者时，结果始终都是落败。研究人员发现，说着“我已经知道了”、自信而迅速做出应对的人，以及说着“现在我知道了”、在一番思量后自信应对的人，往往都是年事稍高的男性，并且表现欠佳。说着“我不知道”的人，在慎重思考之后仍然保持迟疑，他们绝大多数是女性——他们始终选择表现最佳的策略。

“经理人并非不在乎或是不称职，而是他们太过自信。当你认为已经知道答案时，你真心觉得再去思考就是浪费时间，”这篇《哈佛商业评论》报告的作者称，“我想，竞争策略的决策者们必须要学的一课就是不要急，这有两层含义：慢慢来，而且不要太自信……愿不愿意运用这种心态，决定了一个人是优秀的决策者还是糟糕的决策者。”[30]

坚持到底

是不是觉得受到了激励？用批判性的眼光看待你的退休投资。索要一份你的退休账户中所有基金的完整清单。如果你存在疑问，那就继续问问题。谁在乎你公司的退休事务经理、你的财务规划师或者你的配偶怎么想？我们已经从好几个不同的研究中看到，学习型心态是敏捷思考、创新解决问题和掌握新技能的关键。所以，我又要说了，不要因为你以为自己知道的不够多，就在进行退休规划时陷入金钱昏迷。自我质疑正是让你做出更佳决策的一种素质。

举例来说，如果你已经拥有 401（k）账户，现在是时候对账户的投资项目感到好奇了。你拥有哪些基金？股票基金与债券基金的比例是多少？收取了你多少费用？基金还扣除了哪些额外费用，有费用更低的基金可以选择吗？一直提问，直到你得到真正的数据。一个名为“Blooom.com”的网站会告诉你。

同时也留意一下你的那些游离的 401（k）账户——离开之前的工作时遗留下的账户。通过一家理财公司，如富达、先锋或嘉信，或者一位注册投资顾问，又或者 Betterment、WorthFM、Wealthfront 等网络平台，将这些账户合并起来。美国游离的 401（k）账户价值数万亿美元。合理配置、减少费用，可以使你的投资账户中增加数万或数十万美元的金额。

如果你刚刚开始进行退休储蓄，没有 401（k）账户，那么你最好的选择是网络投资平台，比如 Betterment、Aspiration，或者我们的 WorthFM 网站。它们被称为“机器人顾问”（它们是自动的），你能以从 50 美元到 500 美元不等的较小金额开始投资。因为它们都是基于计算机算法，所以你能够深入挖掘你的投资项及其运作方式。

奇幻思维

与此同时，千万不要自以为可以依赖于你认为将来会成为现实——但目前尚未如此——的退休解决方案。很多时候，我们都依赖于心理学家所称的奇幻思维。带着幸运符？看星盘？想要解梦？没关系。绝对不止你一个！量子物理之父尼尔斯·玻尔就是根据梦中所见，建造了最初的原子模型。但重点来了：玻尔有意识地测试了他的模型，并且成功了。这种事情通常不会发生。当你认为存在某种因果关系，但却无法在逻辑上将它们联系起来时，这就是奇幻思维。根据汇丰银行的一项研究，哪怕是最精明之人也会掉入奇幻思维的圈套，特别是那些指望着继承遗产的人。[31] 显然，仅仅是认为自己会继承遗产，往往已经足以让人坚信他们在财务上没有任何问题，可以过上幸福的退休生活。实际上，大多数人（66%）预测即将得到的遗产将弥补他们现有退休资金的缺口。这项研究称，超过 1/4 的人（27%）指望着这笔预想中的意外之财能够覆盖退休生活的大部分开支，甚至是全部开支。

事实是这样的：遗产不一定都能成为现实。实际上，遗产通常都不会成为现实。这项研究发现，指望着继承遗产的人中，只有不到 1/3 的人真正得到了遗产。这主要是因为现在人们寿命更长，需要的钱更多。虽然你的父母承诺给你留下遗赠，但他们可能活得很久，已经把这笔钱用掉了。事实上，汇丰银行调研报告称，虽然 3/4 的人计划留下遗产，但只有不到 1/3 的人能够绝对保证做到。哪怕你确实获得了遗产，也要谨慎行事。和中了彩票一样，一旦你有了这笔遗产，你最好做出规划，否则就要看着它从你指尖流走，真金白银变成了愚人金[①]。金融培训师芭芭拉·斯坦尼就有此经历，她的丈夫赌博输掉了她获得的大部分遗产。

哪怕你没有继承遗产的计划，也要密切关注自己的想法，不要对退休陷入奇幻思维模式。你可能计划着搬到生活成本更低的城市或国家里的退休社区，例如哥斯达黎加或哥伦比亚，在那里，生活成本很低，生活质量很高。一年一万美元已足够生活，可以获得优质医疗，更别提那里的天气宜人。但一场意料之外的疾病就能让这些计划破灭。或者你可能计划着搬去和成年子女一起住——结果却发现他们配偶的父母也是这么想的。不要指望模糊的、不可预测的未来解决方案。

运作方式

对我们大多数人而言，我们现在将一部分收入拿去投资才能提供我们退休所需资金。（你真的希望自己在70岁、75岁、80岁时还必须工作吗？）我们将钱存入账户（每年有上限），然后到了退休年龄（59岁半以上），我们开始从中取钱。这就是其运作方式。应该存多少钱？有人认为退休储蓄最好为年薪的10倍。也就是说，如果你现在的年收入为国家人均年收入中位数75 000美元，

① 愚人金（fool’s gold），黄铁矿的别称，因其外表酷似黄金却毫无价值而得名。日常生活中这个词多用来指让人误以为价值很高的事物。——编者注

那么你最好储蓄至少 75 万美元。

不过我觉得这一建议值过低。要记住，因为通货膨胀，钱会日益贬值。这意味着，如果你现在存入 50 万，30 年后它只值 20.5 万，贬值幅度超过了原有价值的一半。因此，投资非常重要。如果你进行投资，而不是仅仅把钱存起来，那么它将日益升值，甚至很可能不仅抵消了通货膨胀的部分，还能让你赚到更多钱。根据市场涨跌幅度，50 万美元的投资额可能在 30 年时间里翻两倍，变为 150 万美元。所以你一定、务必确保你的长期储蓄能够抵消通货膨胀。年均通货膨胀率为 3%，你的长期投资年回报率至少需要达到 3%，越多越好。

你的数字

所以，这一切总结下来是什么？你需要为退休设定一个目标，这个目标应该是你的“数字”——具体来说，就是你需要为退休存下多少钱。注意：如果你从未看过你的退休数字，那么它很可能比你想的要大。第一次看到这个数字，可能会让你感到非常恐惧，甚至感到荒唐。但你需要有一个起点。幸运的是，现在网络上有大量免费的退休计算器。我进行了许多搜索，想找一个最简单的，我喜欢 www.smartasset.com 网站上的退休计算器，不过，大多数退休计算器问你的基本问题都是一样的。

我们现在开始来认识一下你的全局数字。

退休后你想靠多少收入维持生活？每年3万？每年7.5万？（计算器将调整至未来的等值金额。）

你多少年后退休？如果你现年40岁，想在70岁退休，那答案就是30年。

你将度过多少年的退休生活？显然，你无从知晓答案，不过为了规划，假定是25年或30年。

通货膨胀率：计算器默认值是0。我建议你改为3%。

资金年收益？默认值为7.5%。我们保守一点，改为5%。

计算出结果后，把你的数字写在这里：____________。

普罗大众

记住，这是一个目标。这只是指引你方向的北极星。它不是用来衡量你自身价值的，也不是为了说明你有多么负责的。从没认为自己想要成为百万富豪？不要再盯着那个大数字。那个数字是你的终极目标，是你可能需要一段时间才能达成的目标。我的目标是200万美元。我已经39岁，但我的退休储蓄未及这一数字的1/3，除非你算上我公司的市值。但它们不易变现，所以我不会指望它们。就像《光神话》，我将其视为一个游戏，而不是死亡宣判。一旦你有了一个目标，特别是将它写下来之后，你的行为和选择都会有所调整。

即使你年事稍高，你也仍然能够在未来的人生中做出巨大改变。我母亲直到 42 岁才开始进行退休储蓄，在 72 岁达成了目标，完全退休。如何做到的？她回到职场后，马上将 401（k）账户中的存款最大化，并且利用了公司提供的每一个员工福利项目。她还通过自学了解了投资组合。现在年逾古稀的她与一位只收服务费用的财务顾问合作，但她自己通过一家折扣经纪商①——先锋集团来直接操作基金。

所以，不要走。如果我 42 岁的母亲能够在 20 世纪 80 年代离婚后除房子外没有任何资产的情况下完成目标，那么你也可以。你存下来的每 100 美元都很重要。五六十岁是收入的黄金期。你的事业处于顶峰，孩子正在长大成人或已经搬出去。你有了更多闲置的资金。此外，美国国家税务局允许 50 岁以上的人为退休进行更多储蓄。参与其中之后，你会意识到小额定期存款不会对你的现金流造成太大影响。这一点会增强你的自信，形成雪球效应。

事实证明，百万富豪也都是普罗大众。统计数据显示，他们通常不会把钱挥霍在蓝宝石项链或者豪宅上。他们生活节俭，优

---

① 折扣经纪商（discount brokerage），以最低佣金标准为投资者执行证券买卖服务的证券经纪公司，多数不提供理财咨询等服务。——编者注

先储蓄而非消费。根据斯佩特兰集团2014年的一项研究，百万富豪将自身的财富归功于以下五个主要原因：

1. 辛勤工作
2. 教育
3. 精明投资
4. 生活量入为出
5. 知道冒风险的时机和方法

你有能力做到以上所有，并且将会这样做，包括第四点和第五点。你看，你的目标也是成为一位百万富豪，并且你将会成功，前提是你心里已经明了，要开设所需账户（如果你尚未开设账户），然后设定每月自动转账。尽可能多地向适当的退休账户中存款，至少每年提高一次存款数额。下一步就是选择退休账户内的投资项目。你马上就能开始学习如何选择，请翻到下一页。

第 6 章

入市

你无须学习股票，只需要学习如何根据一些基本指导原则进行投资。

23 岁的我刚刚开始创业，想要在世界上走出自己的一条路，也想赚钱，所以我在亿创理财的网站上投资了 2 000 美元，买了几只股票。我完全不知道该买哪些股票，不过我当时的男朋友在福特汽车公司工作，所以我就选了福特公司。之后，我的股票马上贬值，好像就是在购入一周之后。我损失了投资额的 30%。糟糕。但更糟糕的是我接下来的举动：我抛售了股票。真正的问题其实并不在于我损失的 700 美元，而是我不了解我需要长期坚持才能让投资有所回报。换言之，我需要保持不关闭账户，什么都不碰。

我很自责。我认为损失了钱意味着我不擅长挑选股票。其实这是事实，我不懂挑选股票，但我不知道还有其他的投资方式。所以我彻底退出了，抛售了一切，举起了白旗。我基本上决定了我的命运。我本该等待股市回升，事实上股市确实回升了，股市经过一段时间往往都会回升。我本来可以挽回那 700 美元的损失，可能还能赚更多钱。之后，我就能体验到我一直寻求的那种兴奋感——让自己的钱生钱的兴奋感。

穿越数据沼泽

一提到华尔街行话，比如“资产类别”、“分散投资”或“基点”，人们就容易陷入金钱昏迷。如果你曾有过这种经历，请举手。我看到许多人举手了。我的手也举起来了。我曾经对自己不知道这些词中任何一个的含义而感到羞愧。虽然我偶尔会鼓起学习的斗志，但在查看投资服务的网站时，却感觉像是受到了袭击，上面有股票行情、一大堆带有各种奇怪小数的图表，还有各种或正或负的百分数，鬼知道它们对应着什么。为什么我要在非常有限的自由时间里试图穿越这一大片数据沼泽？我永远无法活着抽身。

研究显示，女性感觉不知道如何进行投资的概率是男性的两倍。[32] 当涉及财务大局时，比如深入研究 401（k）账户里的基金，或在退休账户外进行投资时，女性可能感觉自己注定会搞砸。但是，许多研究显示，男性往往急切地想要做主，以至带着“我已经知道了”的心态冲动地进行投资，即便他们和我们一样感到困惑。这些研究还显示，女性不想让她们自己，也绝不想让她们的家人陷入危险境地。

许多女性有这种感觉。所以，我们退出得太过迅速，对现金的依赖太强。我们把钱放在货币市场或储蓄账户里，因为我们知道，当我们想要用钱或需要用钱时能随时提取。对于那些没有 401（k）或个人退休账户、不知何为经纪公司的女性来说，这是事实。对于那些资金丰厚的女性来说也是事实，她们钱很多，能够轻松缴满退休基金。

健康的储蓄账户必不可少。但如果你已经拥有了强健的翅膀（应急储蓄和好的流动性），你需要将其他现金用于其他投资。在传统储蓄账户里，你可能最终只赚得 0.5% 的微利，但是，在投资账户里（来钱了），年头好时，利率有时候能达到 10% 或 20%。投资是巨大的机会。你千万不要错过。投入资金，遵循一些基本原则，你就能赚钱。你可以做到。

不要吓坏自己

从数据来看，前景光明。我们已经在各种研究中看到，一旦女性克服了自己的自信危机，就会十分擅长财务管理。而正是因为她们不太相信自己能做出好的投资选择，往往趋于保守，更有合作思维，寻求专业帮助，才使她们在市场中表现良好。所以，当市场出现起伏时，她们更可能按兵不动、保持投资，而不是惊慌失措地将自己解套。要获得长期收益，正需要这份素质。

自己的长期需求以及家人和社区的长期需求，也能激发女性的动力。学者德博拉·坦嫩观察发现，女性倾向于将世界视为一张大网，这调和了她们做出草率行动的冲动。[33] 草率行动不利于投资获利，最好是缓慢而稳定地参与。这不仅关乎我们在70岁时是否有足够积蓄去看整形医生，更关乎我们在不久的未来是否有丰厚资金来好好照顾自己，然后继续去做更有趣的事。姐妹们，我要再次鼓舞大家，大声地让你们听清楚："投资的关键在于不要让它吓坏你自己！"

做不耻下问、有自知之明的学生

我们来看看普罗透斯国际集团联合创始人艾丽卡·安德森的发现。安德森为多家公司的首席执行官和顶级高管提供顾问服务，包括NBC环球集团、脸书网、凯悦酒店集团、通用电气公司、Hulu视频网站、麦迪逊广场花园等。在超过30年的管理咨询生涯中，猜猜她和她的同事发现哪种人是最成功的商业策略者和领导者？是那些"愿意不停地进行尝试、从新手开始"的人。换言之，谦逊的有意学习之人——尤其是那些拥有抱负、自知、好奇和允许自己存在弱点的人。“他们真心想要了解和掌握新技能，他们对自己的所知很清楚，他们总是思考并提出好的问题，并且他们在学习提高的过程中能够允许自己犯错。”安德森的报告称。

听起来很不错。你要如何将自己转变为一个不耻下问、有自知之明的学生——愿意学习投资，甚至变为投资好手？我们在其他研究中看见过改写负面金钱故事的内心编辑技巧，安德森也建议我们使用这些基本技巧。本质上，它并不像我用以给自己洗脑、将自我身份认同从“大手大脚”改为“储蓄达人”的绝地控心术。其方法如下。每当你发现自己在抵抗学习新事物（“太复杂了”，“其他人学得更好”，“我不需要学习”）时，让内心的这些声音反转，改变你的故事。

安德森 2016 年在《哈佛商业评论》上发表了一篇文章，阐述她《要先变坏》（*Be Bad First*）一书中的研究[34]，她在文章中介绍了一个简单表格，可以帮助你将你的失败主义的自我故事改写为一个乐观向上的故事。

改写你的内心故事

不要这样说	要这样说
我不需要学习这个。	如果我学会了，未来会变得怎样？
我已经够厉害了。	真的吗？我和其他人相比呢？
真无聊。	为什么其他人觉得它很有趣呢？
我不擅长这个。	我犯的都是新手的错误，但我会越来越厉害。

我要再次强调最后一点。愿意说出“我不知道”，愿意犯一些新手错误，以便学习新的技能，这是女性在投资方面的主要优势。事实上，在20世纪80年代末，斯坦福的研究人员发现，在任何学习过程中，那些在学习初期鼓励自己犯错的人最终都“兴趣更高、毅力更强、表现更好”。[35] 你要记住这一点。

“低买，高卖”

别看新闻，断开网络，排除杂音。金融媒体不会帮助你一夜暴富，它们的目的在于吸引你的注意力，然后卖广告位给嘉信理财和爱德华·琼斯公司。我上过当。投资股市可能是建立长期根基最简单、风险最低的一种方法。低成本的精明投资办法有点无聊、相当温和——它就是保守型投资。不过，我们将会看到，它仍然需要你的主动关注。

基本概念是这样的：有两种投资方式——主动型和保守型。我在亿创理财亏损的投资就是主动型投资。职业投资者会进行主动型投资。一般群众也会，如果理解风险，也能做得很好。主动型投资意味着自行选股、直接投资，无论通过网络还是经纪人。主动型基金是由职业人员进行管理的股票和其他资产的投资组合，这意味着其中介费用往往更加昂贵。雅虎财经和市场观察网就迎合主动型投资者的需求。

主动型投资者旨在超越市场的业绩表现。他们不停地查看手机，看自己的股票表现如何——每小时每分钟都在关注。工作量很大，压力也很大。不过有些人喜爱这种挑战和急速感。

主动型投资的目标就是购买那些你认为将来会升值的公司股票。

举例来说，主动型投资者常常在寻找那些准备“公开上市”的前景广阔的公司，以便“参与首次公开募股”。我来解释一下：想要建立巨大成长资本的公司加入股市时会邀请公众来购买股票，这就是首次公开募股。期望值较高的首次公开募股可能会引发狂热购买潮（比如回忆一下大家曾疯狂购买脸书股票的情景）。主动型投资者希望能在“最低值”买入，看着股票升值，然后在峰值时卖出。因此有了“低买，高卖”的俗话。但是钱来得真的那么容易吗？

买入并持有

不尽然。任何时刻都有非常多的变动因素影响着股票价值：竞争、新技术、国家和国际政策、外国市场、自然灾害等。试图击败市场——赚一大桶金——的人，80% 都未曾成功。主动型投资风险非常之高。你可能永远不会变为主动型投资者或者直接选股，但这也完全没有关系。如果你确实开始进行主动型投资，那么你只能拿你能够损失得起的钱进行投资。

另一方面，保守型投资是指“买入并持有”型的投资。因为市场存在波动，所以保守型投资需要耐心，需要花费时日。事实上，它就和“看着油漆晾干”一样令人兴奋，这是美国经济学家保罗·萨缪尔森一句著名的风趣之言。你希望的便是如此。你可以通过财务顾问、折扣经纪商或者机器人顾问，探索适合你的退休年龄（还有多久退休）、风险容忍度以及预期的投资回报。然后，购买适当比例的各种指数基金。

保守型基金中，有些基金以追踪各经济领域价值的金融指数为标的，比如标准普尔 500 指数。这些基金被称为“指数基金”，其价格随着相对应的市场而起伏。这是什么意思？意思就是，比如说，假如某基金的 5% 为标准普尔 500 指数（集合了美国毛利最高的 500 家公司），那么它将代表该指数基金的 5%。所以，当指数上涨时，股票价格也会上涨，你就赢利。当指数下跌时，你就蒙受损失。

因为指数基金追踪的是指数，不需要人工分析，因此管理成本较低。投资指数基金，让我们这些平凡人有机会可以用自己的投资来赢利。与高接触①、高维护成本的共同基金相比，指数基金降低了投资者的成本，减少了税务问题，并且所需维护较少。共

① 高接触服务（high-touch service）是指服务过程中顾客与服务人员保持较多接触和互动的服务模式。——编者注

同基金是由分析专家挑选出的股票和证券组合而成、由专业人士进行管理的基金，个人可以对其保守地投资。不过，再重复一次，因为它们是由人工管理，所以投资积极管理的共同基金会产生一些指数基金没有的费用。

过去 80 年来，股市的年平均回报率为 10%。然而，针对每只股票而言，回报差别非常大。没有人可以确保市场将如何表现。例如，2008 年，股市暴跌 50%，而 2011 年则毫无波动，2012 年股市回升了约 13%，2013 年恢复到了 2008 年的水平（如果你仍然还在股市中的话）。这就是人们口中的市场波动。这就是考验你的风险容忍度的时候。

理解投资术语

资产： 你拥有的投资品。

股票： 对某家公司的一部分拥有权。

债券： 你借给某个政府或某家公司的钱。

可以交叉使用的词语： 股票、股份、股权。

资产类别： 你拥有的事物的类别，例如，股票、债券、不动产（例如，房地产）。

资产配置： 你的投资在各种资产类别上的分配方

式。合理的配置会考虑到你的年龄、收入和风险容忍度。

风险：投资回报不同于你的预期的可能（正面或负面）。

风险容忍度：你的投资突然暴跌时，你有何感受——哪怕你知道它们最终将反弹回来。

基金：股票、债券及现金等价物的组合。

基金类别：共同基金（最为广泛）、指数基金（更不广泛）、交易所交易基金（特定）。

经纪公司：帮助投资的买方和卖方进行交易的公司。

投资组合：你投资的基金的集合。

分散投资：拥有多种不同类别的资产。有助于最小化风险。

指数：衡量某经济领域的一个数字。例如，标准普尔 500 指数跟踪美国最大的 500 家公司。纳斯达克综合指数跟踪 3 000 家大型科技和生物科技公司。

市场时机：你认为市场处于高位或低位，因此卖出或买入投资组合的一部分。如果你试图把握市场时机，很可能会犯错，所以不要这样做。

你喜欢风险，这是真的

每年都有文章和论文称女性比男性更加“讨厌风险”。但根据新经济思维研究所发布的一项研究，实际数据说明的问题更为微妙。问题似乎并不在于女性是否比男性更不愿意在投资方面放手一搏和做出决定，而是我们考虑风险的方式不一样。根据一家纳斯达克上市公司的管理人员阿德娜·弗里德曼所言，女性往往比男性更少做出马虎的决定——我们应当庆贺女性倾向于衡量风险、仔细考虑各种可能性、计算可能的成本和利益之后，再一头扎入新的冒险。

不过，每个人对风险的感知不一样。风险是情感判断。我的意思是，你对面前风险的感知并非是对风险的实际衡量。风险意味着你在心里、在神经系统里承担得起多少损失，晚上仍能睡得着觉。风险是你认为你承担得起的损失的极端水平。测试一下：如果你来到一家赌场，下注了 1 万美元，如果损失这 1 万美元，你做何感想？如果我告诉你，你知道你有 10% 的可能赢得 10 万美元，你现在对于冒这个风险又有何感想？

我相信，当我们在保守型投资中保持主动时，大多数女性将做到最好。

会见金融大亨

我来跟大家说个故事，我曾会见过一位通过主动型投资获得了财富的久负盛名的超级富豪。一位朋友曾经递给过我一本金融大鳄马丁·索斯诺夫的新书。这样一位旧派的华尔街金融家能找我有什么事？原来是这样：索斯诺夫在《福布斯》上读到了关于DailyWorth网站的信息，想了解我是否可以读他的书并且采访他。

索斯诺夫是一位成功的理财经理。他是亚特兰大索斯诺夫资本有限公司的首席执行官，管理着50亿美元资产。他还收集具有争议性的艺术品，练习“盛装舞步”这种马术（我不懂这是什么东西）。我看着书的封面，猜想他和大多数华尔街理财经理是一个德行。他们嘲笑像我这样的投资者，认为我们太过保守。因为我们偏向保守型投资，所以我们没法赚大钱——他们就是这样认为的。但我不赞同。我强烈认为保守型投资更为精明：市场十年又十年地增长，我的钱也会随之增长。这和讨厌风险、性别差异、缺乏雄风都毫无关系。

简而言之，我对于这次与索斯诺夫的会面并没有什么把握。我真的想舟车劳顿地去往纽约听华尔街大亨居高临下地给我说教吗？不过我曾从各位同事和导师的口中听闻过索斯诺夫。《巴伦周刊》称他为“嬉皮士和旧习破坏者的混合体”。我喜欢嬉皮士和旧习破坏者。所以我打开了那本书。在《投资者的大师讲堂》（*Master Classf or Investors*）第二章中，索斯诺夫写道，每个美国人都该玩一玩金钱游戏。有些人能在游戏中把握得很好，发家致富。大多数人则不然。我喜欢我读到的内容。它和我在 DailyWorth 网站上的经验相互契合。

几周后，他在他的曼哈顿办公室迎接了我。我这人不轻易感到害怕，但我承认：我当时有点害怕。好吧，是非常害怕。他是这座豪客之城的一位国王——他写了一本书，我本以为自己不会喜欢，结果却对其赞不绝口。我想让他将我作为一位专业人士认真对待。突然，我感觉自己着装完全不对。我在坐电梯上楼时，对着镜子多次检查了我的发型和唇膏。不过索斯诺夫本人的衣着整洁而时髦，待人也很随和，让我马上就放松了下来。

采访期间，索斯诺夫说，他想帮助知识较为欠缺的投资者认识市场的运作方式。“我这本书的目标读者，是有至少 1 万美元的投资资金，想更多地了解金融市场的运作方式、市场如何应对‘9 · 11’事件等危机以及令市场功能失常的因素的人。”他对我说。

我决定亮出自己的所有观点。“马丁，我认为大多数投资者，也就是像我一样的人和你这本书的目标读者，不应该根据市场时机来做出投资决定——主动型投资无法让大多数人获得巨大回报，”我说，“我推荐保守型投资，稳定、定期向投资账户中注资，并且好好利用税收减免。”他赞同我的观点。我迷惑了。马丁 · 索斯诺夫赞同我的观点？

不过他让我不要太过于自信。他强调说，他最重要的人生教训同样适用于投资：人无法按图索骥。这可以理解，因为他从小家境贫寒，在朝鲜战争中差点冻死。“任何投资者，无论是这里每天上班十小时的专业人士，还是对华尔街日常繁文缛节不感兴趣的人，都应该对当下事态有自己的观点，”他说，“相信任何事或任何人——从财务顾问到保守型投资策略——都不是让你把手撤离方向盘的借口。”

谢谢你，马丁。采访结束时，我仍然是坚定的保守型投资者。但我听进去他的话了。它很好地提醒了我：继续学习，保持清醒。要一直如此。保守型投资并非是让你忽视投资情况的借口。去学习标准普尔指数和摩根士丹利资本国际指数的区别吧。去了解股权和固定收益的基本知识吧。你读得越多、问得越多，这一切就越会让你开始觉得豁然开朗。你真的有能力做到。相信我！

类型多样的投资将会保护你

我们来看看如何进行保守型投资。你已经知道可以使用哪些账户类型，包括401（k）账户和个人退休账户。还有其他类型的账户，当你感到更加自在时，可以搜索DailyWorth了解更多。我们的下一个问题是这些账户中应该有哪些内容。记住，401（k）

账户和个人退休账户只是承载投资款项的篮子。现在我们需要填满这些篮子。要买哪些？你的投资能力有多大？你如何了解投资表现情况？这些都是好问题，这些都将让你保持参与。

我个人认为，要想最大化长期收益并且最小化风险和费用，最精明的方式就是将钱分散投资于基金组合。你要先明白一个前提：所有投资都有风险。没错，风险可能让你损失金钱，但是也能让你获得利润。技巧在于，用不同风险级别的各种投资项目填满你的 401（k）账户或个人退休账户。例如，债券的价值不会像心电图那样波动剧烈，大额存单等现金产品也不会。没错，股市有风险。但你必须要持有股票，股票才能让你赚钱。投资组合中类型多样的投资能让你在所投资股票的波动中保持稳定。

类型多样的投资保护你免遭下行风险，同时让你在上行趋势中获利。对于像我（也许也包括你）一样的保守型投资者来说，做法就是拥有一份配置与你的年龄、风险容忍度和投资目标相符合的多样化投资组合。一般来说，年龄越大，离退休越近，承担的风险就应该越小。将资产根据年龄、风险容忍度和投资目标进行配置是投资成功的关键。这也意味着你不能只是“设置一次，再也不管”。年龄增大、目标改变，以及恋爱关系有发生改变的可能（或者已然发生改变），都需要你重新平衡你的投资，或者你也可以通过机器人顾问等技术进行投资，它会为你进行相应的操作。以下是一些配置与年龄、目标、适当风险等级相符合的多样化投资组合示例：

25 岁	10% 债券	90% 股票
35 岁	10% 债券	90% 股票
45 岁	20% 债券	80% 股票
55 岁	40% 债券	60% 股票

此外，在选择基金时，一定要确定以下这些属性：

- **坚实的业绩记录**。至少在 5 年里业绩表现位于同类基金的前 50% 以上，基金经理任期至少在 3 年到 5 年。
- **晨星网 4 星或 5 星评级**。历史业绩突出、风险及成本合理，这样的基金才会在晨星网获得高评级。“获奖”基金——那些获得了分析师金、银、铜评级的基金——的业绩很有可能超过同类基金，并且超过以风险调整后至少 5 年的市场周期为基础的基准线。参见 www.morningstar.com。
- **“零负担”**。即没有销售费用。

你实际能存下来的钱

面对现实吧——目前，你每个月需要储蓄和投资的金额，可能要大于你实际能储蓄和投资的金额。信用卡欠款很多？有一份应急基金，但只可以抵充一个月的生活开支？如果你是自由职业者或正在自主创业，你是否在为税款而定期进行储蓄？当你一开始思考做什么、怎么做时就会感觉茫然无措。我给你三条经验法则：

1. 应急基金里要储蓄至少一个月的生活开支，这样你手头就有现金。理想情况下，努力存够 3 个月。

2. 首先偿清利息高昂的信用卡欠款，或者至少偿还绝大部分。不要再增加更多债务（使用应急基金以避免借款）。

3. 如果雇主对 401（k）计划进行配捐，那么确保你的存款达到上限，以获得公司最大的配捐存款金额。

如果以上这些你都没有，那就从建立这些账户开始。就像一个空的咖啡杯，等待着清晨倒入的第一杯咖啡。不过，先集中解决你的债务。如果你的投资目标收益是 5%，但同时支付着利率为 15% 的信用卡欠款，那么你的净值不会改善。你算一算：哪怕你投资的 10 000 美元获得了 5% 的收益（500 美元），但同时你为 10 000 美元的欠款支付 15% 的利息（1500 美元），那么欠款的费用是你投资收益的 3 倍。不要那么做，否则你不会迅速脱离债务，也不会有效建立起 401（k）账户、个人退休账户或其他账户。那么做对你自己不利。

所以，存好应急基金。使用应急基金后——毕竟应急基金就是拿来应急用的——一定要再补充资金。

首先使用应急基金，然后考虑负债借款，再然后考虑退休资金，最后考虑投资资金。

容易得可笑的摇钱树

现在你可能在想，好了，阿曼达，我同意进行投资。我知道为什么要投资和如何投资。但我就是______（自行填空：太忙 / 压力太大 / 不喜欢风险 / 不知所措），所以我打算雇用一位财务顾问，确保正确行事。马上打住。直面投资恐惧的女性比躲避恐惧的女性表现要好太多。这说得过去，对吧？对某些人而言，雇用一位财务顾问可能有所帮助，但是，雇用后你必须了解财务顾问如何管理你的金钱。否则你就会陷入金钱昏迷！

“我有一位财富顾问，”一位大型非营利组织的高管跟我说，“因为我就是不明白理财的种种。”我们就叫她“安妮”，她在募集资金方面非常厉害——她能挑选高净值的投资人，募集上千万资金，发起各种超大型项目。你可能会认为安妮这样的人对自己的投资非常自信。那你就错了。“我对社会事业非常有热情，”她说，“但每个月收到我的（投资服务）结算单时，我就把它扔了。”

她把它扔了。这听起来难道不是有点疯狂吗？这意味着她不理解她的财务顾问，也不能仔细复核顾问的意见。她忙于解决他人的净收入问题，但却不能与管理她金钱的经纪公司进行一场谈话。不过，她这种厌恶情绪非常常见。事实上，这是一种惯例。

许多女性只是将自己的财务交由他人处理，然后就回到以前的金钱故事或者金钱昏迷中。这里有一个肮脏的秘密。虽然理财公司想接触女性（它们当然想要我们的钱），但它们知道，女性通常不知道怎样的投资指导才是正确的，也不喜欢这一过程。一些极不道德的顾问可能收取高昂的费用，然后置投资组合于不顾——因为他们知道女性不会询问他们，也不会督促他们进行更好、更主动的投资。他们将女性客户变为了容易得可笑的摇钱树。不要成为那样的女性。

一直以来，投资服务和投资资讯对女性群体不仅营销不到位，而且服务也不到位，这无助于改善情况。虽然对待女性投资者的这种无动于衷的态度正在发生改变，但旧习难改。所以我们这样做：如果你对自己行动没有自信，那么可以与财务顾问合作，没有关系。优秀的顾问能帮助你为长期财务进行预算和规划。他能让你了解其他的财务问题，比如你需要什么保险、如何设立遗嘱或信托。虽然他可能会收取你总资产的 1% 或以上作为费用，但他可能最终对你的长期净值产生更为重大的影响。现在你知道如何评估他对于你的净收入的价值了。

公开透明

但是——有危险！与财务顾问合作时，不要盲目信任他们。你的财务顾问是为你工作的。一般来说，你要了解你的投资项目，了解它的市场表现，并且明确知道你的顾问受到过正规机构的认证，是为你工作，而不是为了你一无所知的佣金提成工作。

外面有非常多的财务专业人士，资质不同，专业领域不同，经验不同，费用结构不同，最低投资额不同，理财风格不同，个性也不同。找到优秀人员的关键就在于要求引荐，然后四处多看看。至少要面试三位候选人，明确了解你花钱买的是什么服务。最终，挑选一位你信任和喜欢的人。记住，与财务专业人士合作可能像看医生一样。你需要在财务上公开透明，有时在情绪上也是，所以要做好准备。过程可能很艰难，可能会让你有所花费，但你能获得客观、个性化的指导，并且有望在财务上安心，这非常值得。

睁大眼睛寻找。你也可以寻找信托顾问。信托顾问身负法律义务，必须为你挑选最符合你利益的投资项目。

以下是面试财务顾问时可以考虑的一些问题和建议：

1. 你如何收费？只收服务费的信托顾问不会收取佣金提成。他们通常会收取固定费用。有些会按投资组合的百分比来收取费用。例如，如果你投资 10 万美元，他们收取 1%，即 1 000 美元。

2. 你推荐某些金融产品会有回扣吗？收取佣金提成的顾问会根据产品销量而收取回扣。虽然他们向你兜售的产品可能是优质产品，符合你的最佳利益，但你的顾问仍然是有私心的。

3. 你会向我提供哪些财务服务？你想要的不仅只是资产配置建议。顾问最好可以在预算、信用、保险、遗嘱甚至信托方面对你提供帮助。

4. 你如何帮助我实施财务规划？确保你能在有需要时打电话给顾问，并且他们会回电。

5. 你有多少像我一样的客户？你的理想顾问应该能理解你的投资水平，与你坦率地进行对话，帮助你清晰了解你的选项，能对你的财务情况定期进行汇报。

机器人顾问

有一个陷阱：许多财务顾问无法与资产少于 50 万美元的人合作。仔细想想。费率通常为 1%，如果你有 10 万美元，每年向他们支付 1 000 美元，并且需要他们付出大量时间，那么他们所获得的收入不足以补偿他们付出的时间。如果你不想向只收取服务费的财务规划师支付 3 000 美元以上的费用，其实你还有其他选择——你可以考虑机器人顾问。

Betterment 和 WealthFront 等机器人顾问都是财富管理系统，基于计算机算法而给出建议。大多数机器人顾问会自动建立你的投资组合并进行重新平衡。它们的收费通常为财务顾问的 1/4 到 1/2。现在，先锋集团、富达集团和嘉信理财也提供机器人顾问服务。

想自学更多内容？财务规划师马妮莎·塔克尔推荐从先锋集团创始人约翰·博格尔的《常识投资》（*Little Book of Common Sense Investing*）开始。你也可以看看本杰明·格雷厄姆的《聪明的投资者》（*The Intelligent Investor*）。当然，还有马丁·索斯诺夫的《投资者的大师讲堂》。

主动的保守型投资者

到最后（或者我敢说到了人生尽头时），你的投资金额和投资频率才是最为重要的因素。但你也需要做一名主动的保守型投资者。首先，不要单纯地信任你投资的那些指数基金，你需要了解组成这些基金的各家公司。大家花一分钟来和我一起做这件事。访问晨星网（Morningstar.com），比如说，搜索“VEA”，这代表先锋发达市场 ETF 基金（Vanguard Developed Markets ETF）。你会看到，它由各个成分股组成，如丰田、雀巢和拜耳。现在你知道了。说实话——并不难，对吧？现在，对你目前投资的基金都做一次这样的搜索。作为投资者，当你知道自己在做什么时，你就了解了更多信息，更能控制自己的财务未来。

然后，权衡承担社会责任的利弊。DailyWorth 网站上最频繁问及的一个问题就是："我如何才能负责任地投资？"这是个很好的问题，我也经常思考。当你查看组成你投资的共同基金、指数基金或 ETF 基金的公司时，你可能会不高兴看到它们持有孟山都（MON）或菲利普·莫里斯国际（PM）等公司的股票。有时候，社会责任投资的回报率要低于投资于完全由市场驱动的公司。所以，要让自己的钱生钱，你可能要投资于有损地球和人类的一些公司。

我和你一样，深深关心着环境可持续性和人权。但我们必须平衡这份关心与对自己的关心。我们的策略是，投资组合中既要有以社会责任为筛选准则的 ETF 基金（KLD 400 社会指数基金便是一例），也要有虽然做法较不理想但能获得实际利润（以及更好的市场回报）的公司的股票。

其次，出现波动时，记住：安然处之。太阳有升有落，股市有起有伏。损失和收益都很常见。赚钱的唯一方法就是承担风险——关键在于你认为自己能容忍多大风险。根据全球股市整体情况，你的投资组合必然会有损失和收益，有时候幅度巨大。如果你不习惯看见这些波动，你会感到坐立难安。但你会适应的。

适应这一新常态，安然处之。

最后，保持清醒，保持冷静，之后再按下购买按钮。投资不是什么死板科学。它会经历各种趋势。从公司上市到年金债券到科技公司股票，新型热门投资不时会铺满所有新闻媒介。它们可能会诱使你草率做出决定。和对待所有炒作一样，谨慎行事。一旦媒体进行讨论，需求将会上涨，价格也会。不要随大流。其他投资也是这个道理，包括房地产——接下来的主题就是它！

第 7 章

关于买房的二三事

买房于你而言是正确投资吗?

当我在二十四五岁买房时，我认为所有真正的成年人都会买房。这是天经地义的事。只要你不住在龙卷风走廊或是泽西海岸，房屋就不会分崩瓦解。它们会升值。房地产总体而言是一份稳固投资，至少我当时是这样认为的。当时，我的儿子还只是襁褓中的婴儿，我和丈夫住在曼哈顿。我们在布鲁克林看我们能买得起的房子——一套两居室的公寓，远离曼哈顿，没有户外空间。哪怕少花 30 万美元，我们在费城能买到的房子条件也要好得多——位于非常好的社区，有大量空间，带有一个真正的院子，还有多间客房。我们可以拥有大卵石堆成的外墙，不抹灰泥，还能有我喜爱的那份低调奢华。我想，要是我放弃纽约，不如就在费城生活。我真是不敢相信在费城生活要便宜那么多。

我还以为事情不可能出错。我们搬离纽约，这笔买卖非常划算，而且我全心认为房子自动就能成为很好的投资。我处于和许多人一样的被催眠状态中。我以为自己知道该怎么做，但结果证明我一无所知。我当时活在童话般的金钱故事里，过着我自以为的理想生活，但我的理想只关乎生活方式（表面），全然不关乎价值。事实证明，我们的许多行为都是我们的故事的延伸——我们认为自己是谁，我们如何呈现自己、建立自身保障、承担责任、处理金钱（基于我们的财务类型和金钱故事——见第 2 章）。我们买房往往是受到情感因素的驱动，而不是因为财务现实。

以我为例——我买了一栋大房子，建立了野心过大的公司。我的野心令我陷入了无底洞。你应该从我的错误中吸取教训。我现在羡慕那些购买小户型的人。我的男朋友在认识我之前，在中下阶级社区比较原始的一条街上花费 25 万美元买了一套房。那是那个街区较为便宜的房子，但在经济衰退过后升值了。那是非常精明的选择，有理有据，而我和前夫买下的那栋小豪宅则是那个街区最贵的房，后来贬值了。从小户型开始，量入为出，直到你明白你究竟在做什么。

欢迎回家

在 20 世纪 80 年代末，我还是个孩子，经常看《金钱陷阱》（*The Money Pit*）这部电影。华特（汤姆·汉克斯饰）和安娜（谢莉·朗饰）以极低的价格买下了一栋摇摇欲坠的大宅。他们认为这是一个极好的翻修机会，他们被房屋的“古怪”所吸引。但是，他们买下房子不久，严重的问题就开始出现。楼梯垮塌，水管爆裂，前门从门框脱离下来，电线着火，野生动物在墙里筑巢——而唯一愿意承接房屋修缮工作的施工方是骗子。这是一部喜剧电影，但很多人经历过类似版本的买房煎熬。虽然我在孩提时期看这部电影不下 20 遍，但我成年后根本没有吸取教训——不要陷入关于房地产（具体来说也就是“家”）的浪漫想法中。

我们的背景塑造了我们的身份。那个我们每夜归去之地能够抚平我们的焦虑。所以，我们的居所似乎代表着我们的本质所在。当我们购买一处居所时，无论它是房屋、公寓、小别墅、房车，还是豪宅，我们的情感赌注呈指数增长。如果你是单身，买下首套公寓能够确立你的独立地位。如果你已婚，房子似乎能确保平静与安全。换言之，我们对买房存在许多期待。这种理想主义对之前从未有过房产之人尤为真实。此时，幻想最为强大。我们梦想着买房之后会怎样：有自己的一片地盘，想怎么办就怎么办，这会是一种什么感觉？白色的尖桩篱笆？菜园？给孩子准备的沙池？晚餐聚会和全套餐具？然后甚至上升到买房对于世界的意义。有了自己的房子，表示我们已经长大成人，生活稳定有担当，已经扎根下来，有品位，有成就，有价值。我们有归属感。

根据我的记者朋友苏珊·格雷戈里·托马斯所言，这一点对于X世代的人尤为如此。为了在房市危机期间令人警醒，苏珊在2009年时写下了下面这些话。这些话现在依然有道理。

> 我坐在奥兰多和阿纳海姆举办的市场营销研讨会上，我发现我们身上的污点在于，七八十年代我们父母集体大规模离婚所造成的影响，清晰地显现在我们目前为人父母的行为之中。我们也许仍然自视为局外人，愤世嫉俗地偷笑着说我们看穿了婴儿潮那代人的伪装。但这掩盖着我们如同肉末丸子一样的内心。我们完全、彻底地依恋着我们的孩子。目前大多数幼龄孩子的父母属于X世代，大家一致认为他们是美国历史上对家人最为尽心的一代。我们会竭尽所能地避免我们的孩子和我们一样拥有糟糕的童年……
>
> 从最基础的心理学角度看，这有些道理。X世代的人在童年被单独遗留在家，最臭名昭著的后遗症就是永远质疑权威。这一切都已经被人完全记录了下来——例如我们讨厌拍上司马屁，所以干脆让我们自己做自己的事情好了，反正我们独立工作能力很强。但之后，整个房市泡沫开始膨胀，情

> 况发生了转变：银行贷款登上了舞台，扮演着赞同我们买房的父母的角色。
>
> 他们给了我们一个家！我们几乎像是激动不已的孩子，终于得到了我们私底下一直希望得到的道歉和安慰奖——你小时候没有真正的家，不过你努力工作，依靠自己获得了成功，现在我们把家给你和你的孩子……欢迎回家。这是你争取来的。

只是，苏珊指出（大家也不可避免将会发现），如果你买房时仅仅带着这些浪漫想法，没有进行必要的研究，更没有必要的财务后备力量，那么你可能会面临代价高昂的冲击。

感情用事

外界一直在向我们兜售一个观念：买房一定能建立财务保障和提高净值。传统的看似智慧的说法是，租房相当于每个月往外扔钱，而买房意味着投资于有形资产，最终将会升值——你的钱实际上是投入于你拥有所有权的东西，而不是交到了房东手中。不过，和我们在这本书里谈到的很多其他事情一样，我必须要问：这个观点是从何而来的？买房一直都有道理吗？你是否适合在当下买房？

2012年，DailyWorth网站的创意总监玛蒂娜·弗佳佐托买下了她的首套公寓。她的男朋友并没有做好买房的准备，但她准备好了。所以，在她父亲的建议和支持下，玛蒂娜在布鲁克林的一个社区买下了她自己的公寓，那个社区的房子都升值迅速。她年近30岁，买房是感情用事。玛蒂娜在买房前曾经租房住了9年，换过5个住处，她说："我在租房住时，就连挂窗帘都很犹豫，因为我知道我很快就会搬走。这让我感觉没有'我'的私人空间。"

她有了自己的空间，也有了一些意外。买房4个月后，热水器爆了。一开始，玛蒂娜想着总会有谁来修。然后她看到了现实：全都需要由她自己来负责。她必须亲自进行修理——或者雇人来修。欢迎体会到买房的感觉。

"我在这方面太天真了。我没想到这么快就有这么多我必须要做的事。我心里一直想着装修，比如某天我要翻修浴室或者翻新厨房。"玛蒂娜和许多人一样，都受到了新建公寓的视觉诱惑。一切都那么耀眼、那么现代。但光鲜的外表下是廉价的部件和材料。"一切为了销售目的都做得很好看，之后全都撑不住了。才过了7年，厨房水槽下的管道都已经锈透了。"

拥有房地产需要预付高昂费用。有时会有好的回报，它能转变为一项投资或者甚至能产生收入——变为一份根基。玛蒂娜的邻居拥有完全一样的一套公寓，买下来时花了30万美元，几年后转手卖了100万美元（但注意，纽约的房产几乎总是会升值）。买房带来了好的回报。玛蒂娜买房后虽然有很多头痛的事和维修经历，但只要市场继续保持有利，未来某天她的公寓也可能成为一份真正的资产。

一定赚得到钱的人

不过下行趋势也可能很严峻。在 2008 年至 2009 年房市崩溃期间，许多人几乎是零首付买房，然后陷入了非常荒谬的住房抵押贷款条款之中。（美国房地产经纪人协会报告称，2005 年至 2006 年间，初次购房者有 4/10——这个比例相当高——首付为零，还有许多人首付仅为 2%。）他们看着房屋价值暴跌，远低于付清债务后的房产净值。换言之，他们在购房中没有实现任何投资，还要付清过高的贷款。这意味着突然出现了巨额债务，有些人可能永远都无法偿清。房地产泡沫导致了极端情况，这一点无可否认，但若购房者有一丁点知识，他们可能就会知道他们签下的合同会带来巨大的问题。他们本可避免大难临头，但许多人没有避开。

苏珊的又一看法至今仍然有道理：

> X 世代较之前的一代代人更有可能将房屋视为投资，这很大程度上是因为——你猜中了——他们经历了 20 世纪 90

年代的经济萧条，接连而来的是21世纪初的股市暴跌。我们这些正在从互联网泡沫破灭时期的残骸中爬出来的人，对那些低首付或零首付以及浮动利率型住房抵押贷款无从抵抗。事实上，美国房地产经纪人协会进行的调研显示，2005年至2006年间，4/10的初次购房者使用了零首付的住房抵押贷款，首付比例中位数只有2%。

这似乎意味着，大家的集体感觉基本上是：抛弃股票、投资房屋、重新站稳脚跟后支付房款。这对于凤凰涅槃般的X世代而言似乎是明摆着的事。毕竟，即使2004年一项被人多次引用的关于代际差异的研究对此有所反对，但人们依旧普遍认为X世代“在经历了最为重要的塑造人格的成长期后，成了美国历史上受家长管教最少、最缺乏教养的一代人”。X世代有一半人在童年时期经历家庭分裂，40%的人因为放学时父母往往还在工作而在脖子上挂着钥匙——我们不仅总是能站稳脚跟，而且还有一些了不起的成就。

哈佛的一份报告曾确认道：“X世代在改善财务方面有更多实际机会或者他们能感知到更多机会。”银行也完全没有让任何人从这个观念中醒悟过来。我本人的一个小故事：2002年，我签下一份5年期的浮动利率型住房抵押贷款后，我记得华盛顿互惠银行的贷款专员对我和我丈夫说，虽然我们现在没有什么现金，但他能看出来，我们是那种未来一定赚得到钱的人。他说，我们是那种银行愿意“投资”的人。

这种错误的自信导致了许多许多浮士德式的交易。这发生在苏珊身上，发生在我身上，也发生在了整个经济上。不要让它发生在你身上。

买房并不浪漫

这么来想。你在一件东西上投入了数十万美元，但很长一段时间内，这件东西大部分是由住房抵押贷款的借款方拥有。直到你（而不是银行）拥有了绝大部分之后，它才成为你的根基——例如，你的首付很多或者已经偿付了大部分住房抵押贷款。房屋的价值增长缓慢，往往比退休储蓄账户增长要慢。而且，房地产和股票不一样，存在意外开销——一棵树倒在屋顶上，锅炉爆了，窗户裂缝或者漏水……你需要有持续的财务来源来对其进行维修。你的缓冲积蓄有多少？

对许多人而言，房屋是一项“买入并持有”的投资（除了那些倒卖房屋的人或者腰缠万贯之人）。房屋价值随着市场波动而变化。你还需要紧密关注房屋的状况。这些因素都能让你的现金流多年吃紧，从而长期影响你的财务大局。玛蒂娜现在已不再对房地产保持浪漫想法，她说：“我有一张表，列出了家里所有需要修理的东西，按照紧急性排序。我每个月看一下表单。我爸爸甚至在圣诞节还资助了‘修理浴室’基金！”节日快乐！

买房还是租房

我们来更近距离地看一看，什么因素可以使投资房地产成为极好的根基，以及什么时候应该选择不投资。吉娜·德维是女性企业家高端杂志《神圣生活》的创刊人，也是一名成功的指导。她说，她和许多女性一样，在事业初期并没有考虑买房。当她的收入开始变高时，买房的压力日益增大。她心里的想法是，买什么都行。赶紧入手，别再浪费钱。谁在乎你是住在垃圾堆里还是住在无人听说过的小镇上。要投资房地产。

但是作为企业家，她采取了另一种行事方式。“在做出任何行动之前，我更加仔细地研究了买房的成本，我开始计算首付需要多少钱、会欠多少税，再加上维护费和装修，更别说我还要花钱置备家具，（这时）我突然觉得这条规则没有道理了。”她说，“我意识到，我不会住在一个我真正想住的地方，对于我当时的财力而言，代价也确实很高昂。再者，我真的想在公司扩张时期把心思放在房子上吗？”

这种行事方式对她很有帮助。她决定不买房，而是升级生活方式，她可以在租住的奢侈公寓里举办专属私人派对，招待高端客户。每当她频繁出差时，她就中止租约，2008 年房市崩溃，她却安然度过，没有任何损失。精心研究、聆听内心、理性决定，这些因素帮助吉娜去做真正需要做的事，成就她的人生。这就是关键所在。

哈佛大学住房研究联合中心 2016 年的报告发现，近 40% 的美国人都在租房——20 世纪 60 年代中期以来的历史最高值。目前是租房还是买房更有利于你的财务健康？你可以通过网络上的“租房与买房对比计算器”（在网络上搜索它）得到答案。《纽约时报》的网站、Bankrate 网站、嘉信理财网站上都有此类计算器。数据最能让你做出切实决定。如果你决定租房，那么就把本来考虑用于偿付住房抵押贷款或维护房屋的钱存到 401（k）账户或个人退休账户中。住房抵押贷款可以看作强制要求执行的储蓄计划，如果你是租房客，为何不在自己身上加大赌注呢？这是一项非常好的投资。

怎样买房才更值得

我们来看看其他一些让买房在金钱和情感上都值得的事实和情况。归根到底，买房是否值得还关乎你的个性和你在你人生中所处的位置。你收入是多少？会增加吗？什么时候增加？你欠了多少债务？信用评分是多少？有多少积蓄？不存在什么死规定，只有一些引导性的原则，以及在学习过程中保持清醒的韧力。如果你从未买过房，那么最好从小户型开始，买一套适合新手的房子。如果像我一样先买一套小豪宅，往回摸索要困难许多。事实上，在买过房——并且惹上不少麻烦事——之后，我现在租房住了。这是真的。当下，租房更加适合我。

另外，好好了解你的支付能力以及可用的贷款。银行可能会批准远高于你自己计算得出的支付能力的贷款。银行（或者其他借款方）允许你贷款，不代表你能偿付。但谁不想要优惠交易？如果能减少房子的首付，何乐而不为？因为，如同财务顾问卡门·丽塔·王所说，你需要真正参与这个游戏并承担风险。首付比例影响着住房抵押贷款的利率。如果首付比例极低（比如为房屋售价的3%至5%），住房抵押贷款利率会较高，因为银行认为贷款给你有较高风险。而且你在一段时间内也无法通过抵押房屋获得其他贷款——因为房屋事实上并非真属于你，第三方（银行、政府）拥有房屋大部分的所有权。你会花很长时间支付利息，这意味着需要在更长时间的月供后，你的房屋才真正开始积累资产。这完全不是根基！

支付比例合适的20%的首付似乎令人却步。也许你需要更小的户型？甚至只是一套公寓？如果你想面对这一挑战，买房后将会有更多事情需要处理，所以最好在一开始就知道你的现金流是否足够应对。此外，如果首付比例合适，当你确实需要转售房屋时，你拥有的资产也会更多。“你可以非常轻松地抛售一只损失的股票，但很难卖掉一套让你不仅蒙受了金钱损失而且并没有投资一分钱在内的房屋。”丽塔·王说。

偿付贷款

要抵御诱惑，坚持按数字进行考虑。毕竟，住房抵押贷款是一份用于买房的贷款。你的房子是这笔贷款的抵押品。在申请住房抵押贷款时，你会接受 15 年期还是 30 年期？30 年期的住房抵押贷款意味着你每个月支付的金额较少，但是利率较高，所以你支付的利息更高、持续时间更长，建立资产的速度更慢。

例如，如果是 30 年期利率为 5% 的 10 万美元贷款，你分 360 期付款，月供 477 美元，总计 171 870 美元。这意味着你借款 10 万美元，支付的利息是 71 870 美元。而且记住，一开始你的大部分还款或全部还款都是用于偿付利息而不是本金（资产），所以你是在偿付贷款，以保持用首付款项购买的房屋资产。在最开始的 10 年时间，你的房屋唯一升值的可能是什么？市场升值。如果是 15 年期贷款，就对你有利得多，因为你支付的利息更少，建立房屋资产的速度更快——这直接影响你的净值。这才是我们想要的。

无论如何，在买房时，要么确保房屋一定会升值，要么确保你计划居住至少 10 年。否则，买房只是一种生活方式的选择，对你的个人净值没有贡献。对于住房抵押贷款，也要保持精明。让人吃惊的是，许多人住房抵押贷款时并不会货比三家。消费者金融保护局发现，接近一半的购房者并没有寻找利率更为优惠的住房抵押贷款。为什么呢？

他们害怕这个过程。不要屈服于你的金钱故事或者陷入金钱昏迷。接受了那些术语之后，过程并不复杂。了解游戏规则，获得最佳费率。记住——这是你的钱，条件你来定。以最佳费率一直参与游戏之中。在思考支付能力时，最好在你的长期财务健康和短期幸福之间进行权衡，找出协调折中的解决方案。

房屋“饥肠辘辘”

买房需要预支很多费用。在最开始几年，你只是在支付住房抵押贷款的利息。然后还有房屋相关的所有费用——律师、检验员、测试（石棉、铅和氡）、搬迁、新家具、抢修，以及所有出现的意外情况。如果几年后你出于某些原因需要转售，除非所在街区非常非常热门，否则你要么赔钱，要么不赔不赚。

这种事时有发生——人们因为换工作、分手分居或者家庭紧急状况而搬家。房价还会随着经济形势而波动。这意味着如果你买房后很快售出，出售价有可能要低于你的买入价。心疼，真是贵。最好——如果可以的话——在家里住上至少 5 年，10 年更好，多多益善。如果你知道自己会住很长时间，也知道收入将会增长或者至少维持现有水平，那么大可考虑买房。

此外，房屋“饥肠辘辘”，它们吃钱。一旦买下房屋，日常开销就开始了。水电费可能是租房时的 3 倍。还有房产税，以及用水、收集垃圾的费用等。还有院子呢？谁去修剪树丛，给花坛除草？要确保你能支付这些费用，并且仍然过得起日子，最好的办法就是拥有足够的收入。“住房抵押贷款千万不要超过 1 年的家庭总收入。这条规则将迫使你在购买时撇除情感，将房子仅仅视为四面墙加个屋顶，房子上还缠着债务。”理查德 · 罗索说。理查德是得克萨斯州休斯敦市的认证财务规划师。

你的月薪是多少？要有足够的现金收入，否则你会变成“房奴”——在财务上受缚于你的房屋。这种情况很可怕。在决定买房前，确保你能够将 30%（不要更多）的每月税前收入用于支付房屋相关费用。这包括住房抵押贷款月供、房产税、水电费、维修和装修。下面是对你的一个挑战：当你拥有房屋售价一半价值的现金时，再去买房。所以，如果你要买一套 30 万美元的房屋，你需要有 15 万美元的储蓄。觉得我疯了吗？去问问在一套房屋里住了 5 年以上的人，让他们把所有的房屋开支加起来算一算。这数字比你所想的要更逼近房屋售价的一半。哪怕最精明的房屋检验员也无法警告你每一种可能，所以你需要为自己提供后备计划，否则在房屋之外，你将无法进行储蓄或投资。为什么要把自己耗得那么痛苦？你要去寻找一个不会让你的生活破产的处境。

你还应该非常确定你的收入将持续增长——或者至少跟上通货膨胀的速度（3%）。所有东西都会变得越来越贵，房屋价值可能会出人意料地上涨。问一问芝加哥的居民即可验证，他们的房产税将在2016年和2019年之间增加13%。

将房产转变为根基

当你的财力从买房的巨大花费中恢复过来之后（可能需要好几年），你可能会开始看到拥有房产的益处。偿还了越来越多的住房抵押贷款和利息后，你的资产也稳步上涨。你买下的房屋变为了一份资产，也许可以作为抵押物进行贷款。你的净值上升。确实有必要时，你可以卖房。如果你没有卖房，坚持到付清住房抵押贷款，那么你将完全拥有这份房产，余生都有了实质的保障，随着年龄增大，可以腾出手头的钱。这一笔大价钱的购买已经转变为了根基，恭喜！

我想给大家说一个异常成功的故事，因为这一章到现在为止，我都一直在警告大家，拥有房屋不一定就是一份保障。但在房地产中获得成功是可能的。虽然房产价值往往比401（k）账户和个人退休账户（或者其他基于市场的投资）价值增长得更慢，但房产能带来其他投资无法带来的流动性（获取现金的能力）或收入。

真棒！这一点可能相当重要。

2012 年 10 月，凯尔西 · 迪克森和她的新婚丈夫维斯在他们的老家宾夕法尼亚州约克市买下了他们的第一套房，是一套两单元的住宅。他们刚刚毕业，在各自领域找到了工作，存款加在一起是 35 000 美元。了不起吧？事实上，她早在中学时就计划着拥有正的净值。（我知道你肯定翻白眼了！）“我相信储蓄、金钱和投资应当为自己服务，永远不要只是放在一边。”她自信地说。她的家人和丈夫都支持这一点。另外，幸运的是她的家乡比较小，生活成本不高，所以他们买得起房。

在新家里，凯尔西和维斯住着住宅的一半，出租着另一边。他们不得不马上做一些修缮，额外花费了 10 000 美元：暖气需要更换，他们还新加了洗碗机和中央空调。他们翻新了顶楼，建了一间带沐浴卫生间的卧室。不过，翻新后，凯尔西将第二单元的租金涨了 25%。他们的月供是 1 000 美元出头，而租金收入就有 650 美元。聪明。

一年后，凯尔西和维斯用剩下的积蓄买了一套投资型房产。哇！“维斯手很巧，”凯尔西说，“而我善于交际。买下投资型房产做房东，这适合我们。我们的租客年龄是我们的两倍。”另外还有所帮助的是，凯尔西的姐夫和公公在电气和建筑行业，所以他们能够出力帮忙翻修第二套房产。这处房产同样需要新屋顶、新车道和新电器，所以他们花费了所有积蓄，还借了些钱，将这处房产修缮完备。然后就有租客入住了。“我们很快就恢复了财力。我们这两单元的租金分别为每月 600 美元和 650 美元。我们的月供只有 463 美元。”太棒了！

到 2014 年年中，仅仅 24 岁的凯尔西和她丈夫拥有房产已经两年了。他们很年轻，有些跃跃欲试。维斯想尝试一些和他的白领工作不一样的事，而且他们夫妻俩还不准备生孩子。“我们想探索世界，在事业上尝试新事物。”现年 25 岁的凯尔西说，“于是我们辞掉了很好的工作，打包行李放在车里，来到了西雅图进行探索。”

维斯的哥哥在他们离开后负责处理房产的细节事宜。凯尔西建立了自己的营销代理公司，帮助那些目标人群为千禧一代的企业，而维斯则去做了一名木匠学徒。“我们的房子每年能赚 12 000 美元，几乎可以支付我们在西雅图的房租。我们应该能够在未来十年内付清第二套房子的贷款。也就是说，我们在 35 岁时就能靠两套房产获得 100% 的收入，当然除了意外开支之外。”她说。有着如此强有力的开端，凯尔西既感觉幸运，也心怀感激。“早期建立根基，帮助了我们实现目标、追寻梦想。这仅仅只是开始！”她和维斯梦想着去智利做志愿者并学习西班牙语、去亚洲背包旅行、去欧洲工作，最后返回宾夕法尼亚并扩大家庭。她说，未来有无限可能。这才叫打得一手好牌。厉害！

充分发挥优势

你从凯尔西身上能学到什么？我不想误导你：她获得成功的部分原因确实是运气。在她的故乡小镇，房价处于可负担水平；她的家人能够帮助她翻修、布线、修水管，这让她省了很多开销，避免了头疼之事；她在大学期间有一份收入丰厚的工作，令她有了不少积蓄。不是每个人都会有这么好的开局条件。但我们也确实能从她的故事里学到很多。她成功的一个很大原因是她拥有储蓄者和投资者的心态。

凯尔西很重视脱离债务、建立积蓄。她没有抓着钱不放，而是将钱用于投资。她看见了好的机会，与丈夫和家人携手，计算之后再承担风险。她买下房产，进行翻修，然后出租出去。她 20 出头时，对房东事宜一窍不通，但她去学习了。凯尔西有策略。在买房过程中，她没有让现金吃紧。她本来可能会陷入金钱陷阱，但她没有。她深思熟虑之后再做选择。她本来可能会被管理房产或租房市场的压力所压垮。但她自学了如何定价和收集租金、水电、保险以及其他各项费用等。因为她做事有条理，所以她成功穿过了一切未知，使处境以及资源都对她有利。

理想状况下，根基和翅膀可以同时建立。凯尔西发现了二者兼得的方法：首先，资金充足的储蓄账户让她可以投资于根基。然后，根基带来了生活收入，开始支撑她的翅膀。我们大多数人要等到年事稍长才能看到如此大的回报。做得很好，凯尔西——虽然我们有那么一丁点嫉妒。

三思而后买房

你要抵御大手大脚花钱的诱惑。瞬间过上奢华生活的诱惑各式各样，但不要把自己逼到财务的墙角，尤其是初始时期。要在处于上升期却尚未到达峰值的城市、社区或街区里买房。凯尔西和丈夫在小镇里买房，一栋两单元的住宅花费了 14 万美元，这比纽约或旧金山等地方的房价要便宜得多。（注意，我并非让你搬家。不过，如果你可以搬家，并且如果搬家能够让你加入这个游戏，那么这样做不无道理。你自己决定。）

研究位于你的理想街区内的房子——它们此前的售价是多少？现在价值多少？不要买最贵的。买一套——据你估计——很可能会升值的。考虑一下你是否倾向于自己动手。是的话，你可以考虑买一套待修缮的房屋。不怎么喜欢的话，想想你要额外拿出多少钱进行翻修以及你在管理翻修方面能够负担多少。如果你的耐心和预算是翻修预期花费的两倍，那就买。翻修总是会拖延，比预期花费更多，并且总是会出现之前你以为不存在的问题。尽可能多地了解自己、了解你将涉入的情况。它们都是有用信息。

急着定下交易，急着完成交易，跳过仔细检查和最终的整体检查，不去研究所在社区以及街区的房屋价值，签下最先同意放款的住房抵押贷款——所有这些都是代价高昂的错误举动。不要急。给自己留几个月的时间，看看各个社区，与经纪人面谈，考虑各种贷款和储蓄方案。可以计划着在社区里租住一年，直到你真心确定你想住在哪个街区。给自己时间进行调查。

如果你租房已经有一段时间了，那么你可能和辛西娅·拉姆纳拉斯一样，以为买房时的货比三家就和租房一样：看房时关注的是衣柜和插座够不够用，或者喜不喜欢窗外的视野。事实证明，买房看的不是这些。你要超级务实。打开各扇门，掀开地毯，带上手电筒，问大量问题。辛西娅和丈夫吸取了严重教训，才变得务实。“买房更像买二手车，而不像租房。你需要打开车的引擎盖看看，开车兜兜圈。看房时打开所有水龙头，冲一冲厕所，将暖气调到最热，看看会不会有问题。”

根据美国房地产经纪人协会的统计，人们在看房阶段平均耗时 12 周。完成交易平均需要额外 3 个月到 4 个月。在看房或者完成交易之前，你自己也需要进行研究和反思。抽出 2 个月到 12 个月的时间。这种缓慢、稳定的做法是值得的。经年累月，它能为你省下数万美元，并且让你有时间直面你的幻想和恐惧，然后变得实际一些，能考虑自己实际的支付能力，确保以后当每个月该还房贷时，或者家里老鼠为患时，或者小侄子从巴厘岛带回来了床虱时，你不会犯心脏病。

确保你要买的房产有市场。我的意思是，如果你想转售，你能找到买家吗？你能从中赚到钱吗？25 岁时，我一度考虑在曼哈顿边上买一艘船屋。那是一艘高 29 米、装修时尚的五星拖船。我把船当作公寓来考虑。这时，有人把我拉到一边说："阿曼达，只有你这样的人才会想买下它。"他的意思就是，这种类型的房产没有市场。事实上，完全没有证据表明我买下之后能收回最初投入的资金。如果我想转售，可能会损失几十万美元。哈得孙河上，人们对船屋的需求不高。

所以，除非你能够承担巨额损失，否则还是考虑一下房地产的转售价值。你愿意花钱买的东西，不代表其他人也愿意为之花钱。买的时候要精明——装修的时候也要聪明。不要空想着"我能收回本钱"而无所事事。你可能收不回本钱。

"首席解题官"

我们来快速地谈一下倒卖，也就是买下房地产并加以修缮，以期迅速地转售获利。虽然倒卖房产听起来有利可图，在电视节目里看着也很有趣，但它只适合能够与风险共行的人。你手头需要有大量现金用于初始阶段的支出（首付、交易费、材料、人工）。你需要变为"首席解题官"，有能力解决一切未曾遇过的问题——实践问题、财务问题和人际问题。这些问题一定会出现。

另外，项目往往会延期并超出预算。你能处理得了吗？使一处毫不起眼的房产变得引人注目并且通过它获得盈利，这绝对是一件令人兴奋的事。这需要大量的辛苦工作，但利益也许会很丰厚。它的风险也很高。如果收不回本钱，你也必须能够接受，因为总是会有你在初期从未想过的问题出现，使你陷入止步不前的境地。

我们许多人都渴望有自己的家，这在情感上能够引起强烈的回应。但如果你买房并非出于情感或者生活方式的因素（我现在是成年人了；我有房了！我成功了！），而是出于长期财务健康的考虑，那么你的头脑对于这几十万美元的花费将有更清晰的认识。正是这种清晰理智的做法帮助了凯尔西和她丈夫做出有利选择。你也可以做到。

第 8 章

尝试创业

出于兴趣和赢利的目的，建立一家公司——如果你是这块料的话。

公司可以成为坚实的根基。事实上，公司是建立无限财富、学习如何管理财务、掌握自己命运的最有效路线——绝对一流。我的亲身经历可以告诉大家，建立公司和运营公司是一件令人兴奋的事。我建立和运营过好几家公司，涵盖零售、科技、媒体和目前的金融行业。哪怕是运营失败的公司也教会了我非常多，比如，如何制作损益表、读懂资产负债表、收集应收账款，并且最终让我得以创立 DailyWorth 网站。

不过，虽然这一根基令人兴奋，但其隐患不小。风险的重要性可能轻易地超过建立运营公司所需的工作。最初数年里，你需要证明你的商业创意、接触客户，然后增长赢利，也许还会寻求外部资本，每一个转折点都有很大的风险。你的积蓄、事业、人际关系和内心平静都会受到负面影响。运营公司可以成为根基，就像买房和投资股市一样。但是，除非你现在已经是公司业主，否则你可能还不太清楚运营公司与成为自由职业者（或自雇者）的区别。它们的区别不容小觑。

有力动因

我们现在的文化对于白手起家的大亨有一种莫名其妙的崇拜，比如理查德·布兰森和蒂姆·费里斯，但却不怎么了解他们是如何获得成功的，仿佛只要找到了你的“喜好”，就能自然而然得到自由和金钱。不要被蒙骗了。无论是运营公司，还是做自由职业，都需要很大的韧劲，担负很多的责任。但二者中，一个增长你的价值，另一个只是让你拿到工资。就我而言，只有一个才能算作根基：对除你之外的其他人有价值的公司。明白了吗?

我来换个方式解释一下。如果你只是打算成为自由职业者或者独立承包人（自由职业者的另一种称谓），那么你不是在建立根基，因为根基是未来没有你仍能运作的实体。不要误会，做自由职业完全没有问题，但这是一种选择。自由职业如果没有你投入时间、技能和劳动，便不复存在。你的品牌就是你自己。这意味着你的单打独斗其实只是一份工作：你走了，公司就没了。然而，当你创造根基时，你可以将某种——或全部——关键职能转让给其他人，你从中获得金钱，而他们马上就能运营公司甚或拥有这家公司。你口袋里装着钱离开。

所以，要知道你要干什么。你是否要拼死拼活只为获得一份收入？这真的优于你以前的工作吗？或者，你是否有兴趣创造一件事物，未来某天能给你带来利润，并且没有你也能运作？或者你可能可以将其出售，或者获得他人的大量投资？以我的经验来看，你必须要对自己的公司有热烈的激情，因为日常工作十分艰难。在任何一天，事情都有可能会好转、恶化或者偏离正轨。在公司开始赢利之前，或者之后，你都一定会遭遇拒绝和失败，你必须有能力消化。甚至不应该出错的事情，有时也会出错。所有事情花费的时间都比你想的要久，每隔 3 个月左右就会有长假，因为大家都不见了。即使没人买你的产品，你也仍然要支付工资。这是让创业者感到头疼的事。无论你是兼职售卖产品，还是运营着一家雇有若干员工的全职公司，这都是事实。

所以，你可能会问，既然麻烦事扎堆，为什么还要冒这个风险？做行政工作（记账、开发票、与供应商交涉），和挑剔的客户以及不愿出资的投资者打交道——这些事听起来没有什么乐趣。你到底要如何坚持下去？

你需要一个有力动因。你坚持，是因为你相信自己正在发挥作用。你能在空气里闻到潜力的味道，你能看见一个你想拥有的未来。你在制作一个为少女赋能的电子游戏，这驱使你清晨起床，不停推动着你穿越各种阻碍和否定。你在为想要生育的女性研发草本疗方。你也喜欢更有力地控制自己的收入和支出。你喜欢这份挑战。你甚至可能因为肾上腺素而精神焕发。

至于我本人，我有一个很大的梦想——我要改变这个世界。当我创立 DailyWorth 网站时，人们暗暗嘲笑。但我知道他们是错的。我的动力既来自社会影响力，也来自财务上的成功。当在实际业务中感到压力时，想到自己可能改变无数女性的生活，我就能坚持下去。

为自己工作

运营公司对你而言也并非遥不可及的目标。目前，越来越多的女性运营着小型公司。根据女性政策研究所的调查，2015 年，近 30% 的小型公司由女性运营，相比 2007 年增长了近 70%——增幅巨大。运营公司的少数族裔女性人数也在呈指数增长。对于感觉在现有事业里机会不够多的女性而言，运营公司代表着无限可能。

在运营公司时，你的目标不仅仅是存活。你的目标是比身为公司职员时更加有效地创造财富。你的目标是全面填满你的退休账户，同时创造更大的职业网络和更多的增长机会。一直保持远大的目标。我并没有因为 Soapbxx 公司而止步不前，也没有因为我创建（并且投入了资金）的其他两家公司失败而打消创业的念头。我知道我有大事需要完成。我只是花费了一些时间了解我的受众，改良我的想法和实现方式。所有这些都是正常的。你的目标可以比我的小一些（我知道我的风险容忍度高得不寻常），但你也可以在你的财务花园里拥有非常多样化的根基。

运营企业的意义在于拥有权力、影响力和创造性的控制力。为此，你必须愿意承担风险，乘坐满是不确定性的过山车抵达终点。不过，我不会对你撒谎：9/10 的公司会失败。这是所有根基中最为棘手的一个。但是，当你是公司职员时，你为其他人辛苦工作，没有真正的保障。没错，稳定的工资和福利让你感到舒适，每年根据生活成本而调薪也非常不错，时不时还可以获得升职。但是，你的收入随时可能消失。

公司会有结构重组和裁员。科技一直在发展。例如，牛津大学 2013 年的一项研究发现，在 702 种（非常多）职业中，近 50% 将很快被计算机和机器所取代。公司可以用任何理由将你解雇或者裁员（压力），让你投入的时间和精力都化为泡影。另外，职员获得巨大财务增长的可能性也非常有限。证据就是：福布斯百万富豪榜上排名靠前的——至少前 200 名里——都不是公司职员（没错，其中一些富豪确实是女性）。他们是通过经营企业而登上榜单，而不是通过朝九晚五的工作。

没人逼迫你

也许你并不在乎什么百万富豪。你只想成为一名个体经营者或者自由职业者。我可以理解。但我在这里强调的是将公司作为根基，尤其是如何将自己拥有的公司转变为一份资产，使其在你工作投入的时间之外仍然具有重要价值（表现形式为营收能力或者被收购的潜力）。当你能够自由地赢利时，条件就由你来定。这带来的个人满足感可能相当高。没人逼迫你做任何事，那是你的梦想、你的愿景、你的计划。对，你会犯错，但你参与到游戏之中了，这一点令人兴奋。如果你渴望掌握自己的人生走向，想拥有创新解决问题的自由以及获得作为职员永远无法获得的高收入，那么建立运营一家公司便是可行之道。

根据盖洛普公司最近的调研数据，近 70% 的职员无心工作，整整 50% 的职员想要辞职。人们想拥有更大的自由，控制自己的日程。他们想要更好地平衡工作与生活，想要获得更高收入的可能性。如果你在网上随意浏览（大家都会这样做吧？），你可能已经注意到了，网上有许多内容，教你如何三步成为成功的小型公司业主，无论是个体企业（蔬果园设计师？）、明星博主（忍者妈妈私密日记？）还是初创微型品牌（进口希腊橄榄油？）。它们承诺的是，你可以按照自己的日程，在家里就能建立起健康的赢利模式，使之成为一个真正的商业爆点。

这些内容大部分是炒作，仅有少数例外（比如，创业者导师玛丽·弗里奥、拉米特·塞西和塔拉·金泰尔所教授的）。虽然有一些人完全按照这些内容让公司运作起来了，但是世界上没有什么简单的三步走策略。如果填几张表、调几个开关就能开始赚大钱，那真是异想天开。以我的经验来看，努力工作两年后，才能抵达一个魔法般收获颇丰的节点，这时就开始出现各种机会了。无论什么公司，都需要至少 6 个月时间进行规划，另外还需要两年时间进行播种，之后真正的营收才会发芽。新事物总是需要时间才会发力，并且前提是你的商业创意是正确的、能够真正带来利润的。

事实上，一个大问题在于人本身的心理。你可能感觉自己像个骗子："我根本不是一名企业家！"我要重复说一遍，我们在这本书里反复地看到，承认自己是一名新手是一件很有力量的事——这意味着你要对学习保持开放的心态。当你没有深陷于传统实践的泥潭中时，你能够问出一些之前从未被人问过的问题，或者以前所未有的角度来看待问题。

例如，想一想医药界巨头礼来公司。这家公司建立了一个名为"创新激励"（InnoCentive）的众包部门[①]：公司花钱请"外行

① 众包（crowdsourcing）是指一个公司或机构在网络上发布创新任务、研发难题等，采用和奖励网络用户提供的最佳方案。这一过程实际上是将公司的工作任务"外包"给了大众网络。——编者注

人”来解决公司无法解决的问题。这种方式成功了。根据哈佛商学院卡雷姆·拉卡尼的一项研究，许多问题是被相关行业之外的人解决的。感觉像个骗子？你可能拥有最为重要的视角。正如蒂娜·菲曾经打趣道：“我发现几乎人人都是骗子，所以我试图不要为此感到惭愧。”

自由职业并非一帆风顺

你感到厌烦了。你受够了通勤、预算紧缩以及事无巨细都要过问的上司。你受够了错过孩子们的演出，受够了缺乏足够的影响力或金钱。你想要社交网络上朋友们那样的生活——二月份去墨西哥待上一整个月，参加“个人发展”静修计划。或者你的工作环境有害身心健康，你需要离开。你想从事自由职业。

在做自由职业时，本质上你是在运营一家服务公司。你为有需要的人提供你的技能和产品（基于时间或项目范围收费）。所有工作都取决于你的生产能力和交付能力。你就是主心轴。这个想法对许多人非常具有吸引力。2016 年，美国有 5 300 万人——34% 的人口——从事自由职业，相比 2004 年的数字（4 260 万）有了巨幅增长。考虑到对工作场所的不满意、通勤时间和死板的日程安排，许多人选择自由职业也合乎情理。

你可能意外地成为自由职业者，或者是为环境所迫。你做了母亲，需要灵活性；你被解雇或者裁员，不想再经历第二次；你在该升职时受到忽视，因而辞职并寻找一条更好的路。从好的方面来看，你可以在家里穿着瑜伽裤工作，直到下午三点再离开家门。你可以周三休息，周日晚上工作。你可以参加姐妹的生日午宴，照顾家里生病的小狗，暴风雪天气也不会打断你工作。旺季时，支票频至，你感觉自己富裕了。

虽然零工经济正在增长（2016 年美国 40% 的劳动力投身于零工经济，并且有望继续增长），但是，用财务稳定换取灵活性，灵活到连走出家门停止工作的损失都承担不起，这样真的说得过去吗？（最初几年你可能会有这种感觉。）自由职业并非一帆风顺。当你无法产出或者提供服务时（你生病、孩子生病、技术故障等），你就没有收入。我有两个孩子，但我从未休过产假。你也许可以给自己“放假”一个月，但是你会在哥斯达黎加的海滩上用笔记本电脑急切地寻找稳定的无线网络。相信我，这很让人懊恼。

换言之，自由职业里的“自由”可能具有误导性。你会辛苦工作——也许比之前还要辛苦。你的收入不稳定，但同时，你的医疗保险、汽车费用等方面的账单将继续堆积。因为即便你的客户拖延了付款，生活也不会因此停止。作为自由职业者或者零工人群，你要完成所有工作、做出所有决定、开票记账、支付开支。你努力地拿下工作，之后努力地追着客户让他们付款。而且，从日常财务的角度来看，当你选择离开（或者不得不离开）全职工作时，你实际上抛下了稳定的薪水、福利、带薪假期和病假。为了什么？需要多久你才能重新开始向退休储蓄账户中存款？

在传统办公环境之外获得更多收入是可能的。事实上，作为公司职员，要创造巨大的个人价值、拥有真正的财务保障，可能性非常有限；严格来说，在公司里担任职员并非一项好的投资。你还有可能感到很孤独、很害怕、很缺钱，因此重新回到办公室里工作。大多数人在跨出这一步时，不知道还有其他路可以走，不知道要根据自己的个性和欲求来选择正确的路。许多人在跨出这一步时完全不看路。不要那样做。

巨大增长

经营一家公司和从事自由职业一样需要毅力和决心，但还需要你将眼光放至今日之外或者下个月之外。如果你能熬过新公司头一两年的充满痛苦的不确定性，那么你很可能已经开始获得足以支持生活的收入了。你的收入可能和职员时期一样多——或者更高。但你需要超越收入和生活方式上的成功，才能将公司转为根基——其他人可以投资或者从你手中将其收购。你的忙碌本身并不能创造根基。

首先，你需要一个健康的储蓄账户，还需要自律地在忙碌中抽时间学习新技能，在有需要时找到资源，像职业人士一样建立人际网络，为自己的工作开票记账，生意有苗头时及时跟进——所有这些虽然不能直接给你带来利润，但绝对能让你的公司存活下去。你必须学会销售自己、销售自己的服务并且和他人达成交易。你必须要让其他人能看见你、看见你的价值。你必须要掌握那张“一切都很棒”的笑脸。

你需要考虑长远大局：“我应该将时间和精力投入到什么地方，才能创造出远超开销的利润？我如何才能将过程自动化或者使服务变得可重复，从而降低我和员工的时间和精力成本？”我的工程公司 Soapbxx 的业务是搭建包含视频、电子商务和网络社区的复杂网站。一开始，我自己编程设计网站，但我迅速发现，要想成功，我需要转而管理运营和销售。要想成功，我必须学习销售的艺术和科学——幸运的是，我也发现我热爱销售。我雇用了其他人（程序员、设计师等）来做我的工作。

Soapbxx 在两年里增长迅速，我手下有了 5 名全职员工。我每天工作两个小时，员工们完成余下的工作。这听上去可能是成功，但它不是终极成功。单是有自由进行微量工作（这是一种生活方式的选择），并不意味着你已经“成功了”。Soapbxx 仍然尚未成为我的根基。严格来说它是成功的，它能赢利，并且能让我在几乎不工作的情况下仍然有控制力和资产。

但它难以规模化，这意味着我们每接到一个新项目，都需要投入全部的精力和注意力。我们无法自动化、无法复制、无法模板化我们的服务。这样一来，成本很高。即使我们的营收达到了 100 万美元，我们的开销也差不多是这个数字。之后还有巨额税单，让我几乎陷入泥潭。Soapbxx 生产力很高，但每个新项目都需要大量规划和管理。这使得利润相当薄。

如果公司是根基，那么它应该有巨大增长（而非一般增长）的潜力——你能够复制服务，以减少成本。除了你之外的人也能看到利润增长的潜力。想想：如果投资人进行投资（例如 10 万美元或者更多），那么他其实是在赌你的公司将会增长，他将赚回本钱，然后赚取一些利润。首先他想看到证据证明这是可能的。如果一家公司不能展现出赢得客户的能力，谁会想给这家公司投钱？

Soapbxx 本质上是一家服务公司，但最终它确实发挥了根基的作用，而不仅仅是为我创造了一份丰厚收入。情况是这样：它提供了我用以启动 DailyWorth 网站的 20 000 美元种子资金。我能够给 Soapbxx 的工程师们分配任务，创建 DailyWorth 网站并维护其两年的运营。由于 Soapbxx 为我带来了可观的收入，所以我能够在 DailyWorth 网站开始运营的头两年里免费为网站工作。这一点非常重要。我花了那两年时间，才向潜在投资人证明，DailyWorth 有受众、有流量、有销售能力。我能够将 DailyWorth 网站呈现为一家值得投资的公司。它拥有清晰的赢利路线。

从本质上看，Soapbxx 为 DailyWorth 提供了资金，在 DailyWorth 成为一家公司之后（拥有投资人、具备收购潜力），我解散了 Soapbxx。我从每天工作两小时变为向投资人筹资以及解决重大的运营问题。我知道 DailyWorth 是一份根基的另一个原因是，现在的下一步就是所谓的变现事件。那时，DailyWorth 的名义价值将会通过首次公开募股、收购或兼并的方式变为真金白银。在它发生之前，虽然我在打造坚实的根基，但我还不能获取其全部能力——尚未到时候。我还无法获取这份资产，但其潜力巨大。

硅谷年轻企业家（也是千禧世代之人）萨拉·孔斯特看见在科技领域比她更为资深的女性没有做出投资的决定。她看到有着同样薪资和技能水平的男性承担了风险，并且建立了强有力的人际网络和公司。她对我说："许多男性似乎明白花钱和承担合理风险的必要性，但女性就对此有点不情不愿。"她想要站在这条鸿沟正确的那一侧，你也一样。她已经创建了自己的公司，建立了自己的人际网络，并且进行了投资。

它们可以出售

好的想法不会招揽来大量金钱，好的执行力才能够聚集金钱。许多人在这一点上都存在误解。你有好的想法，并不意味着大家会来买你的东西。我曾经有过许多概念，但又放弃了，因为大家在理论上喜欢这些概念（他们告诉我的），但不会花钱去买。许多人在吸取惨痛教训后才发现，运营公司，10% 在于创造，90% 在于销售和营销。你必须打入群众，你的公司必须要提供大家想要的东西，并且要让大家了解，这样大家才会花钱。

无论你的公司规模是大是小，从始于衣柜的女性独角戏，到拥有雇员和经常性开支的企业，你都需要深入了解销售，且能够抓住潜在客户。创造渠道——广泛思考各种可能性，再缩窄至可行的可能性，最终触及真正的消费者。你需要现金流来发展公司（翅膀），让大家了解公司（广告和营销），吸引人们购买（销售），并且一直发展新客户（发展人际网络和受众）。

存活下来的公司有一些宝贵之物。它拥有的资产不只是金钱，还包括：产品（例如技术或售卖品）、带来盈利的资产（合同）、硬件（设备、电脑、桌子等）、知识产权、商誉（著名品牌、良好声誉）。这一切都值钱。它们能被赋予金钱价值，并且可以出售。它们独立于你的个人资产或出资之外。

建立公司

2008 年，阿达 · 比尼尔就职于一家数码摄影工作室。她从胶片摄影转做数码摄像，以在日新月异的行业中保持领先地位。之后，市场崩溃，所有不懂技术的人都遭到裁员，包括她在内。突然间失去了工作的阿达决定要学习行业的技术方面：计算机编程。她最终得到了另一份全职工作，认识了一位同事，两人共同创立了公司。只是阿达完全不知道自己在做什么。“这是我创建的第一家公司，但我只是误打误撞，”她说，“我们有一份 8 000 美元的合同和一名客户，我经营公司好几个月之后才真正醒悟我在做什么——我在经营一家公司。”

在经营了好几家公司之后，阿达现在经营着 Skillcrush 公司，这是一家教女性进行计算机编程的网络公司。这个市场尚待挖掘，所以有很大的增长空间。阿达有意将 Skillcrush 打造为一个品牌，这样她就能在招募初级教师的同时注重规模化。这让她有了更多时间来发展公司的服务、触及人群以及赢利。阿达并非出身商业世家，也没有工商管理硕士学位。事实上，她开始工作时，心想着自己将成为一名摄影师。但一步步走来，她学会了建立一家真正具有出售潜力的公司，建立起了自己的长期财富。

虽然阿达目前的收入还不及在其他公司里（具有相同职责）的程序员，但她的长期收入潜力是公司职员的 10 倍。她目前雇用着 10 位员工，生意蒸蒸日上。她未来大有希望获利于此，无论是因为盈利疯涨还是变现事件。虽然她尚未达到持续赢利的目标，但在 5 年夜以继日的忙碌之后，她离目标已经不远了。

带我上桥

当你公司的营收大于运营成本，你有了收入和名声，你无须管理公司的每一方面，公司业务也能增长，这时，你就抵达目的地了。恭喜！你的公司现在已是根基。在此之前，就从选择一条风险较小的路开始试水。先别辞去日常工作，开始经营一份副业，或者投资于一家已经存在的公司。至少要在心里想着，带我上桥！这里的桥是指一份过渡工作，它可以帮助你在职场事业与创业之间实现跨越。

当你内心自主创业的声音很强时，你会很想立刻行动。你的朋友们也许会说："遵从梦想，你不会失败的！"你可以这样做。但是就我的经验来看，租房、手机、汽车和食品杂货都不是梦想所造。它们需要花钱。要在实现梦想（例如当你仍在学着区分哪些是商业开销，哪些是个人开销时）的同时存活下来，你就必须负担得起日常开支。

启动公司是自主创业里不那么迷人的一部分。启动公司时，你需要将一切拼凑在一起，向朋友借钱，节衣缩食。它几乎不可能登上头条。许多成功的企业主，比如妮莎·穆德利，在自己的梦想企业开始稳定赢利之前做过两份（或更多）工作。正如我之前所述，DailyWorth 网站花了两年才开始发力。在那期间，我仍然经营着自己的计算机编程公司 Soapbxx，还带着一个幼童和一个婴儿。

品牌发展师克里斯汀·多明戈讲述了她如何辞掉全职工作并成为一名健康教练，这个故事很有告诫意味。当时，她迫切地想实现梦想，所以辞去了波士顿的工作，搬到了旧金山，开始寻找客户。她以为，因为她对教练工作很有热情，而且旧金山当时的房租水平低于波士顿，所以她拥有成功的所有必要条件。

克里斯汀缺乏的是用以支撑基本生活开销的财务基础。她没有回头的余地，也没有任何能够帮助公司发展的东西。她直接陷入了债务和艰难境地。“如果我在第一年给自己找了一份过渡工作，我也就不需要活得那么挣扎了。我从新客户那里获得的收入几乎不足以用来支付食品杂货费、房租和交通费。”

事后回想起来，克里斯汀希望当时在公司开始运营期间，自己能够找到一份工作来支付基本开销。“因为发展公司需要你自己投入资金用于教育、影响和打造团队。建立一个网站并不等同于建立一个公司。”没有充足的财务支持，你会拖慢新公司的增长速度。克里斯汀说，哪怕积蓄足够使用6个月至一年，也必须找到一份过渡工作。

过渡工作最好与公司业务完全相反，稳定又无聊。不需要大费力气寻找客户——所以不能是瑜伽教师或者销售工作。不要有不可预测的工作时间——所以对服务员或者其他轮岗工作需要三思。不要有飘忽不定的付薪时间。稳定又无聊的工作最好。可以考虑简单的办公室工作。“最好的过渡工作应该是你足以胜任却做着感觉无聊的工作。”克里斯汀说。你不必一直证明你的教育水平、技术或者经验。将这份精力留给你的公司。相信我，你会很高兴你这样做了。

第3部分

你的地位

– 掌握现金流的力量 –

省下金钱，拯救世界。

第 9 章

探索收支

任何收入都能创造富足。

我们将在这部分内容从根基转而谈论翅膀。翅膀提供日常现金流，无论是通过收入还是储蓄。翅膀能种植庭园，给根基浇水。收入大于支出时，翅膀最为强健，你能够积累储蓄，不必强烈依赖于贷款。

现金有多种来源：全职或兼职工作、应急基金、信用卡、房地产租赁，甚至是父母。我们在此主要关注三种来源：职业收入、储蓄账户、贷款。

请注意，我在本书中首先谈论了根基，再来谈论翅膀。这是有意为之。如果你打算预算第一、储蓄第二、投资第三，那么你很难确保有足够的现金为未来供资，因为你把它放到了最后来考虑。相反地，我希望你现在首先考虑你的根基，然后创建一个开支计划，让你的根基能够增长。

在理想情况下，你每个月的收入应大于开支。在现实状况下，收支平衡常常被贷款以及意外收入和开销打破。而你的目标是正的净值，这样你在现在和未来都有资产和收入。你的个人选择直接影响到你的富足程度，我们都因为好的选择而变得更好。但是，你不是生来就有正的净值。生活充满了转折，一瞬间，你的收入蒸发了，信用卡刷爆了，房市触底了。你步履艰难地穿过学费和债务的泥泞沼泽。生活像是跷跷板一样此起彼伏，或者像仓鼠转轮一样毫无进展。

预算啊，个人财务的圣杯。我们将在第 11 章通过一个名为“财务明细”的框架来探讨预算问题。在此期间，要记住，在你的开支策略中，免于个人债务危机和增加资产同样重要。

如果我令这本书的任何部分感觉像是一份节食计划，那么我就失败了。如果你担心会读到又一个你无法坚持的预算建议，那么不要担心。接下来几章的内容并非关于让你产生机器人般的意志或者让你拒绝玩乐，而是如何在收入、储蓄和支出的互相牵制中引导生活。

在公司里，我使用两种方法：从上往下规划和从下往上规划。从上往下规划通过营收目标来检视商业预算。例如，如果我们要在营销上增加开支，那么我们的营收会增加多少？从上往下规划具有扩张性和灵活性。从下往上规划则是实行紧缩，从目前的现金余额和预计通过合同获得的收入开始着手。个人预算的运作方式更像是从下往上规划，它是固定的。以我的经验来看，增加收入和削减开支都同样需要很大努力，所以我将更多地阐释从上往下规划。

想象一下，你打个响指就能够魔法般地扩大收入与开支之间的差距。明天，你走进办公室，要求（并且成功）涨薪，同时卖掉你的房子，搬回家里和父母同住。更多金钱，更少的经常性支出！这是个奇迹。当然，这一场景不大可能发生，但我肯定已经激起了你的兴趣。我们来探讨一些更为现实的策略，增加收入，减少大头支出——从上往下。

你的收入是否具有竞争力并且稳定

你最近有没有查看过你的收入水平是否在与你的事业地位和所在城市相符的范围之内？根据 Glassdoor.com 网站数据，费城的事业发展总监（非营利组织筹资人）平均年收入为 86 000 美元。洛杉矶的文案人员年收入为 45 000 美元。如果你的收入远低于行业里其他人的水平，那么你可能收入过低，而且原因可能仅仅是你不知道你的收入应当根据其他人的收入水平进行上调。我们之前已经提到其中的问题，所有女性杂志也反复提及这个问题，那就是女性很可能比同一工作职位的男性收入要低。不要成为这一统计数字中的一分子。了解自己是否收入过低，然后要么要求涨薪，要么开始找新的工作。你做的又不是慈善工作。

吉尔·达维决定直面她的状况。“我坐下来，弄清楚了我的收支情况。很明显，我就是典型的收入过低者。我使用信用卡来维持我的生活方式，紧张得不敢要求涨薪或者寻找更好的工作。我意识到我必须削减开支，但我也需要一份薪资更高的工作。我知道自己超负荷工作，却没有得到相应的薪资，感觉很不满：我得到了表扬和赞赏，却没有涨薪或晋升。所以我决定寻找公司之外的机会。我找到了一份职级更高、薪资更丰厚的工作，公司不仅支付所有福利，而且还有非常慷慨的奖金机制。真是完美的时机。”

除了将收入最大化，你还需要使收入保持稳定。如果你和我一样是一名固执的企业主，那么这件事可能说着简单，做起来难。收入的波动使规划变得相当困难。

如果你是企业主，哪怕是个体经营（没有员工），也要将所有商业收入存入一个专门的商业活期账户。然后每个月将固定数额的一笔钱作为工资转入你的个人活期账户。会计师们称此过程为“提款”。没错，这意味着把钱留在商业账户里，哪怕你渴望的双手想要抓住那些钱（就像对个人信用卡一样）。

如果你总是将商业所得的全部作为个人收入，那么你会将公司的不稳定变为个人的不稳定。让自己拥有固定数额的提款，等到你能够评估整年度的商业收入趋势时，再发放大笔的年终奖。

无论你如何获得收入，是自由职业还是全职工作，永远都不要拒绝你的应得款项。上周，我在计算那周应该支付给保姆珍娜多少工资时，我问她："你上周是不是给孩子们买了晚餐？多少钱？"我还提议给她支付汽车油费。她说："不用了，没关系。"我不得不坚持我的立场。和许多女性一样，她希望自己受人喜欢，不让人觉得累赘或厌恶。但是这样做，她主动牺牲了 40 美元，而她的周薪是 200 美元——占比 20%。你是否也在做类似的事？有人给你钱时，收下来，尤其当对方是职场上级时，或者你知道对方绝对能够负担得起这笔钱时。

记住，收入有两个用途：支付当下的开销，以及投资未来的根基。不要忘记这一点。

你的经常性支出低吗

我记得 12 岁时，我在朋友家崭新的、有柱廊的豪宅里过夜。草坪修剪得又短又齐，像是阿斯特罗草皮，后院的游乐设施仿佛童话中的城堡，屋内，雪白的地毯延伸开去，像是天堂的白云。第二天，我姑姑来接我时，她问我："你注意到了吗？家里几乎没什么家具，墙上也没挂艺术作品。"我没有注意，但我知道她的意思——他们并不是刚刚入住，而是已经成为“房奴”。他们可能在住房抵押贷款（和草坪）上花费太多，已经无力购买家具。

为了最好地服务自己和你爱的人，不要只是量入为出，而是要尽可能活在收入水平之下。这是创造富足生活的唯一之道。总是会有机会出游、度假、大幅改善退休生活、帮助有需要的朋友。一旦你将自己困在房屋、汽车或者任何形式的年度合约里，就要削减经常性支出，这不仅困难，而且代价高昂。你的现金已经有了固定的消费项。

你目前是什么情况？算一算，你每月与房屋相关的费用，包括所有额外费用（水电、修剪草坪等），是否在每月净收入的 30% 或以下。如果你住在纽约，费用比例可能在 50% 以上。无论如何，减少了经常性支出，你就拥有更多选择。

你为什么而消费

在销售会上穿着设计师定制款黑色套装的强大感、寒冷的日子里用羊绒衫包裹自己的舒适感、用耀眼的越野车给孩子拼车的骄傲感、赠人礼物的愉悦感——听着，我知道所有这些体验。但是，你在职场上的成功不依赖于你的行头，你已经拥有许多漂亮的毛衣，孩子可以乘坐许多种交通工具，你的表弟已经有了你作为圣诞礼物买给他的克里格咖啡机。如果你已经负债或者无力进行储蓄，那么停止你的疯狂行为。

问问自己，购买的哪些东西真正令你开心，哪些只是你认为会令自己开心？你花钱买东西是为了让别人开心吗，比如父母？有用吗？好好反思一下。

如果你想为真正的根基注资（需要额外的现金），那么你必须认真挑选出几项嗜好，然后把其余都砍掉。这一点非常重要，后面会有一章专门进行探讨。

深度整理消费行为

9 月 25 日，星期日，终于感觉像是秋天了，我们从无情的酷热夏日中解脱了出来。今天是我所在的费城社区举办“栗山小镇倾心艺术品”街道市集的日子。我的孩子们穿着色彩明亮的 T 恤，以便我在人群中一眼就能看见。

我从自动取款机里取了 200 美元，想要买下一个粗木梳妆台，替换掉卧室里那张摇摇晃晃的宜家桌子。购买本地生产的物件，不仅丰富了我的生活，而且还能促进本地经济发展。我们利用自己的消费，滋润并且维持着街坊的生计。有时候，我们能够了解到产品的制作方法和使用的材料，见证制作产品时注入的激情。

当消费能够助长和支持那些维持着我们生活的社区和公司时，消费是愉悦的。但我们面临的每一笔消费往往都伴随着愧疚和焦虑。随便一本财务书籍都会告诉你：我们总是通过购物消解无聊、实现家庭期望或者度过任何假日，这是一种文化层面的成瘾行为，它使得我们在个体层面几乎不可能将需求和欲望辨别开来。

约翰·德格拉夫、戴维·沃恩和托马斯·内勒合著的《富贵病：流行性物欲症》（*Affluenza: The All-Consuming Epidemic*）详细阐述了消费失控对个人和社会的沉重影响。他们命名的“富贵病”是指“一种通过社会进行传播的痛苦的传染性疾病，病患由于顽固地追求更多，从而导致负荷过重、债务缠身、焦虑不安和挥霍浪费”。他们解释道：“流行性富贵病的根源在于，人们对追求经济扩张非常痴迷，几乎到了虔诚的地步，这已经成了所谓美国梦的核心原则。”富贵病的最终威胁是——耗尽我们个人的财务保障，也耗尽地球资源。约翰、戴维和托马斯：我们听见了你们的声音，我们已经知晓。我们都知道需要转变这一事态，为了我们的星球，也为了我们自己。

当然，你对金钱的思维和行为会自然影响到身边的人。如果你有孩子，你会在他们身上留下他们一辈子都难以消除的印记。卡拉·特洛特曼经营着一家支持孕前和孕后女性的公司，她最近和母亲以及两岁的儿子一起吃了一次午餐。买单时，她的儿子拿出她的借记卡付钱。“我意识到，他认为那张卡带有魔法。我需要让他做好准备了解整个体系，了解自己需要支付账单。”她现在对孩子们说，如果想要什么东西，必须自己支付。他们一起制订了一个计划并予以实施。“作为家长，我们为他们挡了很多风雨。但他们需要从实际生活的角度来看待金钱。”她说，“现在开始，为时不早。”

说起来容易，执行起来难。我们陷在一个先大吃大喝再节食净身的循环里。想一想近藤麻理惠令人难以置信的成功，她的书卖出了数千万册，我也买了。东京个人整理顾问近藤麻理惠的家务手册《怦然心动的人生整理魔法》2014 年 10 月在美国出版后，不到 6 个月时间就卖出了 200 万册。近藤麻理惠这个名字已经成为当下的热门搜索，人们开始将“近藤”作为动词使用，意思是深度整理塞得满当当的衣柜和抽屉。近藤在书中如同禅师一般，充满灵性，坚称整理过程的关键在于欢乐。只在身边留下你爱的东西，你会一直明白自己的心性和自己在乎什么。

精明消费不仅关乎个人可持续性，也关乎打破我们对购物、即时享乐和享受权利的文化痴迷。你非常努力地赚取收入，但你是否拿出了同等激情和精力来关注自身的健康和福祉？我并不是说这很简单。我只是让你后退一步，问问自己：为什么？

下一站：“近藤”我们的消费。我们目前的高消费水平既不理想，也不必要。

第 10 章

克服过度消费

你一开始并不是真的想买。

带着意图进行消费是愉悦的，但你需要一个策略来应对无意识消费。理财意味着做好准备再去消费！我不是指实行紧缩策略，也不反对消费或者购物的兴奋感。我只是想让你更加深入地探索自己的习惯。当你带着意图进行消费时，我希望你更少消费、更多储蓄。

我们来玩个游戏吧？我为你准备了一系列的挑战。

这些试验并非为了重新激活你的金钱故事。当你在某一点感到心痛时——你一定会有这种感觉——观察、呼吸，然后继续往下走。不要上演一场内心大戏。做完这些练习后，你将会非常清楚地了解到钱都去哪里了，以及如何有意识地改变你的消费行为。

准备好了吗？

挑战1：清除

登录银行账户，通读至少一整个月的信用卡账单和银行账户流水。找到一项你不再使用或不再需要的定期扣款，比如某项订阅费或会员费，然后将其取消。

看看自己这个月刚刚省下来多少钱（18 美元订阅费），然后将这 18 美元存入储蓄账户。你做得很好，你是存得下钱的人。

挑战2：过去三天买了什么

先回忆一下过去三天你去了哪些地方。开车还是坐地铁？在工作，带孩子，朋友聚会，还是和家人在一起？在家里吃饭，还是去了餐馆？

写下来你买了什么东西，价格是多少（排除账单等固定开销）。不要迷失在分析之中。要包括食品、杂货、交通、一包口香糖、应急的睫毛膏、因为把墨镜忘在地铁上而新买的墨镜、在 iTunes 或亚马逊网站上买的东西。

现在，登录你的账户，看看你凭记忆写下的东西与实际情况有多大差距。你从自己的消费金额中学到了什么？为什么？

看到自己的钱都花在了哪里，这令人很受启发。当你写下自己的消费时，你开始看到自己冲动消费的频率。你的消费习性是什么？这就是我们要探索的东西。这是一项关键练习，能让你更深入地了解自己的消费习惯和消费心态。

记住，财神不会对你评头论足，他们只会观察。人类几千年来都知道，物质上的收获并不能创造幸福，紧缩措施也不能创造幸福。丰厚的储蓄账户呢？它会给你带来狂喜。我发誓。

购物疗法：无益健康

用购物来让自己不那么难受，这样做的不只是你一个人。无论男女都会这样做。花钱会令人瞬间感到满足。这样很容易就能弥补短期的怒气和失望。一大早起床以便准时出门，结果却诸事不顺？星巴克有可口的热饮等着你，还有新的旅行杯。15 美元就这样没了，一个月里花费 150 美元。

日常压力能把任何人送至购物场所，以便大幅提升人体内的多巴胺水平。但对女性而言，这一危险的疗法尤其棘手。研究显示，女性比男性更多地通过消费来帮助自己调整情绪。2014 年，赫特福德大学的心理学家凯伦·派因博士对 700 名女性进行了调研，了解她们沉浸于购物疗法的倾向。结果证明，女性在情绪——无论是积极情绪还是消极情绪——高涨时会进行更多购物，哪怕她们已经在担心自己的钱不够用。在那一刻，购物的感觉实在太好，我们短暂地忘记了我们已经有很大数额的信用卡欠款——也许每个月都无法还清。或者忘记了我们没有分毫积蓄。这份愉悦感觉与焦虑无关。但是，在派因博士的研究中，超过半数的女性表示，如果能找到另一种更为可靠的缓解焦虑的方法，她们十分乐意放弃购物疗法。

落入陷阱

如果你缺乏控制力的话，切实了解你在哪些方面缺乏控制力。当你去食品杂货店、去大型超市或者网购时，你是否会购买 5 件购物清单上没有的东西？你会制定购物清单吗？将这个方面标记为问题区。不做任何批判，只是让自己看见。

我们购物常常不是因为我们需要这些东西。为什么？因为花钱的兴奋感暂时平缓了那些不舒适的感觉。我们因为无聊、焦虑或者压力而过度消费。问题就在于：无意识消费削弱你的力量。

营销人员知道人们购物是为了弥补情感空缺，他们非常擅长把钱从你手中拿走。他们让你相信，你有了他们的产品，能够更加幸福、自由，更加受人喜欢，这样你就落入了他们的陷阱。从某种意义上来说，我们都会这样。你要让他人的赚钱策略毁掉你的信用吗？

挑战3：周末零消费

在本周末或下周末，计划一次零消费行动。从周五下午5点开始，到周日下午4点结束，吃你储存的食物，做那些不花钱的事情。这不是一份惩罚——这是一次试验，它可以让我们深刻意识到自己的消费瘾。可以考虑带着家人一起进行这个游戏，或者与朋友组队一起完成。记住，不是永远这样，只是一个周末而已！如果你内心正在反叛地大喊着“不行”，那么接着往下读。你可能最终会选择进行这个游戏。

把它当作一个游戏。如果你要招待客人，或者已经制订了需要花钱的计划，那么将这些事件隔离出来，花这些钱时不必内疚。但是，不要将这些事件作为借口，抛弃整个任务。我们很少能有机会如此聚焦检视自己的生活。就像当你进行果汁节食法或者全身排毒时，你才能透过缺失之物来看清自己。你渴望什么？这件事物对你的长期福祉和幸福有多重要？如果是薯片或者小蛋糕，那么你很容易就能找出它——哪怕这一习惯难以改变。如果是每天花费15美元吃午餐（其中4美元是花在饮品上），那么要找出它就相对困难了。

周末零消费行动就是在戒断消费瘾。我知道这是一件大事，但你值得为它经历任何不适感。记住，这只是暂时的，如果你做得不够完美，也没有人会责怪你。我肯定不会责怪你。我只是想让你好好地看看自己的行为倾向。

准备好了吗？开始吧：这周末不要花任何钱，一分钱都不要花。这是一份全新的挑战。通过零消费行动，你会开始看见阻碍你获得清晰认识的最大障碍。

下面是支持你的十条准则：

1. 把它当作一个游戏。这是关键所在，这是让其充满乐趣的秘密！这是试验，不要有压力，看看自己表现如何。

2. 如果花钱了，不要慌张，不要愧疚，不要感到羞耻。这并非零消费行动的意义。我不是要对你进行测试，而是让你发现除了收集新东西之外的打发空闲时间的新方法。

3. 刻意设定零消费的参数。例如，“我从周六早上 10 点开始进行零消费，周日下午 2 点结束。”相信我，有了这些参数，哪怕你先去了一趟食品杂货店，然后马上直接去酒吧，你也会对你的习惯有更清晰的了解。你要负责划定自己的界限。

4. 推动你的创造力。如果你要做某件需要花钱的事情，先停下来问问自己：有其他方法吗？

5. 在免费活动中寻找乐趣。注意，我们经常通过花钱来缓解焦虑或无聊。开始行动起来，停止这一习惯。

6. 抵御诱惑。如果你真的需要某件东西，比如汽车没油了，那就去买汽油。如果要买婴幼儿配方奶粉，也不要阻止自己。但是除此之外不要买其他任何东西。如有必要，可以带上一张只有一件东西的购物清单。这并不可笑——这是一种策略。

7. **温柔一些**。如果你确实花了一些本来不打算花的钱，也原谅自己，将其抛诸脑后，再试一次。

8. **允许有人性**。如果你觉得这周末不可能完成这个任务，那么可以转而尝试在某一个平日进行零消费，或者计划在另一个周末完成。这不是需要留堂完成的家庭作业。

9. **享受乐趣**！外面的世界很精彩。这个行动是重新探索世界的完美借口。

10. **进行跟踪**！跟踪记录你到底省下了多少钱。列一份单子——在手机上、在一张纸上等。周末结束时，将这一数额的钱——你本来在周末通常会花费的钱（尽你的能力进行估计）——存入储蓄账户。

想到周末零消费，我会情不自禁地大笑起来，虽然我已经做过10次了。仔细想想，其实有点令人害怕。如果我真的需要某件东西怎么办？在度过这个周末时，将让你吃惊的事情和你对自己的了解写下来，这是精华所在。不要只把它留给自己。

激进观点

卡丁·尼德迈耶在进行周末零消费时刚刚开始了解金钱的基本概念、追踪收支情况、开设应当开设的账户。2008 年经济衰退时，卡丁正就读于艺术学院，大学毕业后，她为了省钱，搬去与未婚夫同住。但是西雅图房租水平很高，她是初级室内设计师，很难找到全职工作。另外，她不知道如何对用钱进行优先排序。

这份练习令她大开眼界。在进行挑战之前，她并没有意识到，对她而言，花钱这一行为有着真正重大的价值。在她心里，花钱就等于活着。所以在一开始，哪怕只是想到两天不花一分钱，她也感到非常心惊胆战。“我觉得自己会死——我想，一块钱都不能花吗?！太可怕了。”她说，“但事实上，那个周末我过得非常惬意和放松。我不必担心花钱的事。我完全没事，这一点让我知道了：如果你什么都不需要，那就什么都不要买。这个道理现在看似乎有点傻，但当时我觉得它是一个激进的观点。”

游戏就做到这里。关于消费，我们还有更多方面要谈。

消费行为与人际关系密切相关

现在你可能在想：“我不经常购物，我就和沙皇俄国时期我的曾祖母一样节俭。”但是亲爱的读者，哪怕节俭如你，可能也曾为买了一些东西而后悔（那些买一送一的春季长靴？），或者曾经购买了超出自己支付能力的东西（那台户外燃气烧烤炉？），你无法轻易地说出购买它们的正当理由。疯狂购物和过度消费也与人际关系密切相关。女性往往因为他人而购物，要么是为了送人、照顾人，或者是为了给人留下印象。同样相关的还有我们对自己应该是何种模样的看法。有时候我们花钱是为了获得新的身份认同。我们心里想着（也许是潜意识的）："如果我成为大厨、网球运动员或者业余画家，那么我就会幸福、受人喜爱。"我们为了支持这一新的身份认同，买下一大堆装备。但我们最终几乎都不会使用。

于我而言，这种消费行为通常都与厨房有关。我会买时髦的食品料理机、饼干烤盘和食谱书籍。然后，当然，因为我会常常站在炉边，所以厨房需要一张好地毯。这些想象中的烹饪和烘焙全然没有发生。但我会跑五趟宜家，把东西都买齐全。然后，我家里就会堆满烘焙设备，而我从来没有用过。这可不是好的生活方法。

研究人员早已发现购物对我们身份认同的影响。多伦多约克大学优秀的营销研究者拉塞尔·贝尔克发现，我们通过购物来获得或抛弃身份认同。购物帮助我们感觉自己属于某一团体，或者不属于某一团体。我们在什么时候最想成为其他人？在我们感觉无聊、有压力或者焦虑的时候。我们购物是为了离开家门或公司，让自己分心——有时候让自己神游天外。想想，有些人在离婚后完全改变了自己的外表装扮——新衣服、新配饰、新发型，展现他们新的自我。如果我们买的东西能让我们长期感到愉悦，那么这些购物就是正当的。但大多数时候，这种购物只会让我们陷入麻烦。当我们高涨的购物情绪突然结束后，鞋子不合脚，网球拍一直藏在暗处，画板折叠着放在角落里。这时，你的信用卡账单来了。

光鲜亮丽的物件

还有一些社会规范迫使我们去买一些我们并不是真正需要的东西。其中一些情况只是我们以为可能需要，或者有人告诉我们需要一些新的东西来适应场合。塔夫茨大学的研究人员称，大多数人在获得新东西或不一样的东西时都会感到一阵幸福感或愉悦感。甚至孩子们都知道这一点，因此他们在九月份都闹着要新东西，这使得返校季成为每年为孩子花费最高的时期。还有孩子们的生日、季节变化、假期、婚礼、晚餐聚会。你觉得自己需要带一份高档礼物，或者买新的行头，或者用新家具或新厨具给宾客留下深刻印象。

你的孩子可能也这样认为。在多次犯过这一错误之后，现在，我在秋天只给孩子们买两件新东西，让他们重复使用他们去年用过的学习用品，它们大多数都状况良好。除非他们的书包或饭盒坏了、修不好了，我才会给他们买新的。当我感觉到买东西的压力时，我必须放慢脚步，问问自己："这真的重要吗，还是我只是为了适应场合？"我现在39岁，已经不再关心适应场合的问题（而且"场合"到底是指什么，谁也说不清），所以我为什么要用钱来缓解潜在的不安全感？我是真心想送这份礼物，还是因为我仍然记得"考虑不周"带来的各种罪恶感？我知道那个人想要什么，还是我只是害怕自己表现得没有爱意？我在意的是人们会如何看待礼物的物质价值，还是一张漂亮的手写卡片或一束花是否足以表达我的爱？一旦我进行反思，我往往都选择送花。

有意识地了解自己的消费项目以及消费方式，并非意味着消除每一次冲动。这只是策略。

斯蒂芬妮·利卡塔在从事自由职业时，喜欢身边有人，不愿穿着睡衣独自在家。这使她比所想的花费了更多钱。"我开始注意到外出就餐的开销有多大——哪怕吃得很随意或者很少。"她发现自己过度消费是为了弥补自己的孤独感。但一旦她认识到了自己的行为——潜意识的行为，她就为自己创造了一个策略，让她在省钱的同时不必一个人待着。"现在，如果我在家工作，我就自己做饭。如果我去咖啡馆，我会给自己定一个支出上限。我还开始去本地图书馆，开始更频繁地用我的校友卡去大学图书馆，这样一来，我不必花钱，而且身边也有人。好处是什么？自从开始跟踪我的支出以来，我已经瘦了六斤，因为我也开始更加关注我吃的食物。”

凯伦·派因博士研究了女性消费行为和心理，以下是她的一些购物建议（访问 www.sheconomics.com 了解派因博士的更多研究内容）：

1. 只用现金。把借记卡和信用卡放在你够不着的地方。这将自动给你的支出设定上限，控制冲动消费。

2. 独自购物。与朋友们一道购物会有同辈压力，哪怕很轻微。独自购物，或者与比你更为节俭的人一起购物。

3. 改变购物时间。如果你总是周五下班后购物或者周六下午购物，那就用一些不必花钱但是好玩的事情填满这些时间段。改变你的反射性习惯，对其进行调整。你也许根本不必购物。

4. 花小钱。如果你必须买些东西来缓解焦虑，那就买一些小物件（并且不可食用）——中等大小的一束花、一本杂志、一支新口红。

5.“饥愤”时勿购物。当你感到饥饿或者愤怒（“饥愤”）时，绝对不要去购物。感到疲惫或沮丧时也是。吃点东西或者睡一会儿，跟信任的朋友或者咨询师谈一谈，等到心情平复之后再去购物。

这需要一些练习，但是克制消费的清晰策略将会使购物更加愉悦（而非焦虑）。如果你能放慢脚步，欣赏你要买的物件，那么当你把它带回家时，你会更加享受。

我向你提出挑战，仔细看看你很可能一直以来都加以掩盖的每一个个人习惯。这很正常，我们大家都会这样做。但你可能会对自己真实的消费方式感到一些困惑。下一次当你发现自己在进行购物疗法——或者想要这样做时，停下来，想一想："有哪些是真实需求，哪些不是？我能做些什么事，让自己平复下来，但是不用花钱？"在最坏的情况下，你可以把东西放进购物车，但是不要付款。先别付款，暂时把你的（真实或虚拟）购物车留在门口。

记住，你买了促销货物，或者在收银台忍住了拿起一本杂志的冲动，并不意味着你就存下钱了。当你断掉一次冲动消费的念头时，将这笔没有花出去的钱从活期账户转至储蓄账户。存入储蓄账户的钱才能算作积蓄。看着储蓄账户增长，会比冲动消费更加令人激动。我向你保证。

不容商议之事

我第一次买房时，并没有切实了解我们的经济负担能力，因为买房是我一直追求的一个愿望。如果我知道它会带来那么多的头疼问题，我会非常乐意买几个街区外的一套房，面积减半，各种费用也会减半。在深深反思之后，现在我明白自己有一些“不容商议之事”。这四件不容商议之事是：孩子上私立学校，每年和孩子们出国旅游一次，每周外出就餐一次，每个月请两次家政保洁员。其他所有东西，我可以有也可以没有，或者使用我已经拥有的东西作为替代。

此外，我租着一套小房子，只买经典款的正装和靴子，穿上三五年再换，并且自己剪发和染发。抛下那些我不在乎的事物，能省出一大笔钱。这就是自由于我的意义：需要现金时就有现金。当你的丰厚收入一次又一次蒸发耗尽时，储蓄本身就变为了一个理想目标。

你的四件不容商议之事应该和我的不尽相同，但目标是一样的：把一些钱花在喜爱的事物上，把余下的钱都存下来。你的不容商议之事是什么？

找出你绝对不会放弃的四个消费领域，可大可小。可以是买鞋或者买衣服、工作日外出吃午餐、租一辆新车。因为不做这些事，会让你感觉受到限制、节衣缩食、心中不快，让你想放弃整个理财计划。将这些事情放置一边，我们不会触及它们。

看看那些有商议余地的消费项——那些你不那么在乎的事物——你可以省出多少钱？这里最好能计算出准确数字。

全美范围

2013年，美国中产阶级家庭平均信用卡欠款为15 000美元，每年支付利息2 500美元！大家可能想责备我们的文化，但现实要复杂得多。自2003年起，家庭收入增长了26%，而生活成本增长了29%。家庭债务增长比家庭收入增长高出15%。医疗费用增长了51%。饮食费用增长了37%。

再加上医疗账单、大学费用或者住在生活成本高的城市，你可能是又一停滞不前的数据中的一分子：受过专业高等教育，有一份好工作和漂亮的简历，却无法达到收支平衡的人。

下决心停掉信用卡

过度消费、过度借款、在有需要时依赖信用卡，这些都很容易，太过容易了。如果你经常有信用卡欠款，那么是时候勇敢大气地面对了。总体来说，债务不是一件坏事，只是代价昂贵，尤其是当你用借款来买一些你最初并不是真的想买的东西时。

你是否曾经将信用卡账单丢到一边，关掉屏幕，然后在某天往卡里存一些钱，却在第二天用信用卡花了同样金额甚至更高金额的钱？或者更深地陷入自己的金钱故事："我做不来，太难了，有什么意义呢？"有时候你会接过别人的债务——你的前任毁了你的公司或你离婚后承担配偶的债务。这真的很不公平，但这些麻烦事归你来管了。有时候，你不知如何处理债务，仅仅只是因为你不知道贷款的运作方式。

债务可以让我们看到人生的转折点或盲点。信用卡就像我家起居室地板上那二十个有些损坏的芭比娃娃一样，都是塑料玩具。因果关系不见了。如果你曾在一个用现金结工资的行业里工作过——比如服务生——下班时手里握着现金离开，那么你就能感觉到你的工作与你的购买力之间的直接关系。用现金消费，你能打心底感受到金钱的去向，而用信用卡消费，这层直接关系不复存在。

如果你负债过多，下面是一些处理债务的方法。

全面出击

2005 年，西尔维娅·弗洛雷斯的创意总监事业突然上升，她享受着金钱能买到的一切。信用卡公司免费向她提供各种有吸引力的活动，这尤其是因为她年薪超过 25 万美元。“感觉非常像大富翁游戏里面的钱，”她说，“我有大宅、豪车和漂亮衣服，一切都是信贷——多达 50 万美元。”但是，一系列巨大开销对她的财务同时全面出击。房市崩溃了，美国陷入了黑暗的萧条时期。弗洛雷斯拿到了她未曾意料到的医疗账单，同时她离婚了。“我收入的 50% 要付给前夫，同时我承担着我们两人的全部债务。真是痛苦。”她本是一帆风顺，却撞上了冰山。弗洛雷斯接下来的行动，我告诫大家不要去照做，不过这种事时有发生：她用 401（k）账户和个人退休账户的钱偿还了 44 万美元欠款。她仍然还有 12 万美元的债务，还要缴税。

弗洛雷斯负债非常之高。你可能没有 56 万美元的债务，但你的债务可能也无法轻易还清。弗洛雷斯的情况虽然不多见，但是完全是正常的。戴夫·拉姆齐曾说：“欠债是正常的。但你要做个不正常的人。”

合乎逻辑的支柱

我先前提到过吉尔·达维。下面是关于她的更多的故事：她是电视行业初级助理，年薪不到 30 000 美元。她居住的城市（纽约）生活成本很高，她喜欢与朋友们外出喝酒、看演出。在一个令人兴奋的城市享受 20 多岁的时光，这没有问题，我也这样做过，但问题是吉尔的大部分工资都用于交房租了，余钱非常少。信用卡似乎是合乎逻辑的支柱。当债主开始催债时，她才清醒过来。她被迫从金钱昏迷中醒了过来。但她已经陷得太深，无力自拔。她有三张信用卡，还有一份个人贷款，现在债款已经高于 30 000 美元的年薪。和许多人一样，她此前一直试图忽视这一点。

虽然吉尔会进行无意识消费，但她还是一个有自制力的人。她对自己惹上如此多麻烦感到既厌倦又愤怒，某天晚上，她给自己好好算了算账。她不想宣告破产。她看着镜子里的自己，利用怒火来控制自己。“突然间，我感到非常坚定、坚决，也非常害怕。我剪断了所有银行卡，只留下了我父母为我上大学而办的那一张卡。我把它放进一个特百惠的盒子里，装满水，塞进冰箱冷冻室，这样我就用不了了。”她说。

吉尔和弗洛雷斯虽然处于完全不同的职业生涯阶段，但却有着类似的问题——她们很大程度上低估了她们的债务和处理债务的能力。这很正常。NerdWallet 网站专门就贷款的优劣向顾客提供顾问服务，根据该网站委托进行的一项研究，2013 年，个人报告自己的欠款数额比他们的实际欠款数额要低 155%。这意味着，我们有 155% 的可能低估了我们陷入的麻烦。如果你是例外，那么谢谢你。你手上握着火炬——让它照亮其他人。

充分挖掘信用体系的优势

贷款是这样运作的。银行和信用卡公司都是企业，就像埃克森美孚、西夫韦或耐克一样。它们有品牌，想要吸引你进行交易，为你提供各种服务和优惠，因为它们需要赚钱。这一点可能听起来人尽皆知，但值得明确地说出来：你的借款方想要赚钱。它们不像图书馆那样，为广大社会传播知识、提高福祉。它们是企业。借款方（银行、信用卡、学生贷款机构等）通过贷款利息或其他贷款产品来获得收入。如果银行对你储蓄账户里的 1 000 美元支付 1% 的利息（每年 10 美元），但是对你为了改造厨房而申请的房屋净值信用贷款征收 5% 的利息（每年 5 000 美元），那么银行就胜出了。你支付给银行的钱比你从银行获得的收入要多出 4%。谢谢你，编号为 0003067842 的客户。

但贷款并非坏事。只是在过去 30 年里，贷款变得太过容易申请了。沉默的一代（出生于 1928 年与 1945 年之间的人）对贷款的抵抗能力比后面历代更强。他们只会量入为出地生活。想象一下这番景象。婴儿潮和 X 世代的人在成长期间获得贷款的途径有限，但他们在 20 世纪 80 年代中期和 90 年代初突然有了许多方法获得贷款。

信用体系有优点（额外津贴、奖励和保护），也有缺点（掠夺性的利率、罚金）。玩转游戏，以免在游戏里栽跟头。现在这个时代，在北美生活，必须要有信用评分。如果你想买车或买房，那么你需要展现你的信用程度。为此，你需要有信用历史来证明你是一位可靠的借款人，能顺利按期偿还借款。申请贷款不仅能让你购买现在财力无法负担的东西，也能让你在以后获得更大金额的贷款。良好的信用评分能够降低利率。你现在偿还贷款表现越好，以后贷款的利率就会越低。

信用评分有所助益，所以你需要非常审慎、小心地进行处理。信用评分良好，你也许有资格获得更加优惠的利率——对于住房抵押贷款、房屋净值信用贷款和车贷等大额贷款，年利率降低可以为你省下上万美元。你可以获得更好的奖励和保护。信用卡可以延长许多产品的质保期，还能为租赁汽车提供碰撞险，在购物或旅游时，还能返还现金和积分。在申请贷款产品时，你可能可以付出更低的费用，甚至是零费用。在申请租房、住房抵押贷款或租车时，你可能会遇到更少的阻碍。

良好信用评分意味着你的贷款费用更低。如果你的信用评分良好（700 以上），你会更容易降低贷款的现行利率。例如，对于 20 000 美元的信用卡欠款，如果你的利率是 7% 而不是 23%，那么你每月还款将会减少很多——约每月 266 美元。这笔金额乘以 12 个月，你一年就能省下 3 000 多美元。这笔钱不少了。这对住房抵押贷款和汽车费用也同样适用。

劣质贷款只意味着高昂的代价

人们一直在谈论贷款的优劣。如果贷款能让你建立起清晰的根基，那么这份贷款可能是一份值得你为其承担风险的投资。如果你的贷款用于购买会贬值的资产，比如只穿一季的衣服，那么你还没有意识到，你是游戏里的猎物。你看清这是怎么回事了吗？贷款并不是免费的钱，除非你能以对自己有利的方式利用这笔钱。

截至2013年，我已经几年没有存款了，身上还背着已经欠了4个月的6 000美元信用卡欠款。想象一下，如果分10年还清，我需要支付2 634美元的利息，但是用这笔钱进行投资的话，假如年复合利率是5%，10年后，我将赚得4 290美元。你一定明白我的意思了。我知道，我说起来很简单，但这个机会成本多大啊！

如果你在想，“阿曼达·斯坦伯格是债务管理界的禅师——她肯定总是能用‘正确的办法’还清银行卡”，那么你就错了。我必须一次又一次地重新激发我的意志力，压抑住心里的恶魔。当我终于面对信用卡上的医疗账单时（我已经刻意避免了两个月），我的太阳穴因为内心预料到的数字而发热，我的胃扭作一团。坐在电脑前，我停止呼吸了一分钟，纠结着再次打开推特网页还是登入我的银行账户。

如果你有大额的信用卡欠款，那么我要对你说实话：你需要做一些重大改变。无论你需要改行还是重新调整你的经常性支出，总归有办法，只是你可能不会喜欢。不要指望获救的美梦，你无法直接决定它们实现与否。例如，我的朋友玛丽嫁给了一位投资银行家，婚后却发现他已经欠了数十万美元的债。伊丽莎白以为父亲去世后能够继承一百多万美元，结果他什么都没有留给她。

规划不是一个坏词。规划给你一个理由，整改生活中难以为继的方面，也给你一个机会，停止去做那些不再对你有利的事情。

我自由了

西尔维娅·弗洛雷斯是一位乐观主义者，她从头开始管理财务生活。她决定不要太过在意如何偿付 12 万美元的债务。“我来自一个非常简陋的、自食其力的农场，所以我知道我能回到只需满足基本需求的生活。我只需要提醒自己，节俭生活也可以很有趣、很有创意。”弗洛雷斯设立了一张表单，她定下了每月付款金额、自己的消费能力，以及何时将从这堆麻烦事里脱身。

“将一行内容标红，标记为已付清，那种感觉非常令人满足。我确保自己永远不会删掉那些已经付清的内容。这是一个游戏——等到整张表单都被标红时，我就知道，我自由了！”

好的信用卡习惯

1. 及时还款。信用评分的 35% 取决于你是否能及时还款。有了自动最低还款，这一点相对容易完成。

2. 消费永远不要超过 4 个月才还清。理想状况下，每个月应当还清所有欠款，但对许多人而言，这不现实。

3. 还款金额至少是每个月最低还款金额的两倍。超过了最低还款额，将大量减少利息费用。

4. 保守一些。理想情况下，有两张个人信用卡即可。卡片不要超过 5 张，不然你可能会被借款方标记为潜在的不可信客户——可能会陷入麻烦，无力偿还贷款。再者，如果有这么多张卡片，那么你几乎不可能追踪自己的消费。

5. 关注自己的长远梦想并且以此来设定事物的优先级。你是否想拥有住房抵押贷款资格？度过一个你能够负担得起的假期？记住，信用卡公司想要你的钱。你在这个游戏里，不是为了增加美国运通的营收，而是为了过上你想要的生活。所以，把精力集中在这一点。不要以真实诚信为代价去追求奢侈的生活。

得分

你的信用历史是你申请过的借款的所有信息，无论是贷款还是信用卡，以及你偿还账单的表现情况。这些信息呈现在你的信用报告上，你会获得一个信用评分，介于 300 至 850 之间——越高越好。

你的信用评分（也称为 FICO 分）基于以下因素得出：

- 35%：还款历史（是否及时还款）。

- 30%：当前欠款金额（是否接近额度上限）。
- 15%：信用历史年限（你借款历史有多长）。
- 10%：新贷款（最好有年份较老的账户和多种类型的账户）。
- 10%：使用的贷款类型（贷款来源有多少种类型）。

我推荐使用 www.creditkarma.com 网站查看你的信用评分。

兼职工作

认真思考一下你要如何偿付各张银行卡。你需要为此多做一份工作吗？可以是临时的，但一定要去找。如果你对自由职业获得的收入还很陌生，那么确保储蓄收入的 30% 用于缴税。如果不这样做，你会惊讶而不满地收到美国国税局的税单，税额可能会让你重新陷入债务之中。

如果这些细节令你感到迷惑，那么接着往下读就行。俗话说，罗马不是一天建成的。你可以稍后再来回顾这些建议。学习理财的语言和策略将对你的净收入产生巨大影响。

下面有一首关于金钱的小诗，当你开始产生自我怀疑时，可以反复念诵，或者你也可以随时念诵。

金钱让我拥有各种选择，

哪怕生活突然发生转折。
“我不擅长理财”，我不信服，
这段旅程必定会有起伏。
我为自己的保障和自由注资，
因为我每天都有意识地储蓄和投资。
这样做值得。

现在你对收入、消费和贷款都有了新的理解，我们将真正认真地谈一谈储蓄。所有的一切都将魔幻般地整合在一起。储蓄就是你火山里的烈焰。储蓄让你免于负债，为根基注资。储蓄是增加净值的秘密武器。

第 11 章

财务明细，做好规划

从混乱到明晰。

根据 2014 年盖洛普的一项调研，只有 30% 的美国人成功地按照预算支出金钱。这意味着其他 70% 的人都失败了。为什么？账单波动、意外危机、重大人生变动——还有，人类大脑并不擅长跟踪每个月 500 条各不相同的交易记录并将其整洁地划入清晰界定的各个类别。在我看来，70% 这个数字意味着预算对大多数人而言都不起作用。一旦你开始做预算了，却无法将实际开销保持在设定的参数之内，你就会感觉自己是一个失败者。

如果你属于那 30% 的人，能够成功地执行预算计划，每月都能还清信用卡，那么继续保持。如若不是，那么我创造了一套不一样的方法，它是“分档法”（bucketing）这套个人理财系统的修改版，我称之为财务明细，当你往以下各大类别填充实际数字时，你也开始运用这套方法了。

如果对你有帮助的话，可以在书的边角空白处写下你的数字。

你可以选择如何进行这些练习，但是无论如何都要确保其包含“入账”和“出账”。每月净收入是多少？哪些开销是必须的？

即使是登入银行账号这种小举动，也能让人变得狂躁起来。我得想想我的用户名是什么，然后还得想想密码是什么。我在等验证码，还没发过来。安全问题？我 3 年前填的这个答案。可我现在不记得小时候汽车内饰的颜色了，我当时才 4 岁。我宁愿去清理冰箱，或者补几集美剧。你这是在逗我呢。

好了，够了。记住两个关键词：电子游戏，金币。

你目前的组织程度决定了你回顾银行流水的过程是否可能迅速又轻松——要做到这一点也需要花费一些时间。你可能定期查看银行流水，也可能有一段时间没有查看过了。不要批判你过去的行为。我们不必感到羞愧，我们只是在玩一个游戏。你已经读到了这里，这说明你并不是一个会毁灭自我的人。现在你能查看你的账户，也已经对你所拥有的情况有了总体了解，我们继续往下走。

入账，出账

光是了解自己每个月需要管理多少资金，就会产生纯粹的兴奋感，这会让你开始有控制自己财务的感觉。你的净收入为正还是为负？我们将从入账（收入）开始，然后再来看出账（储蓄、固定支出、消费），然后将二者合并起来看看当下的真实情况。

入账：你每个月税后的净收入是多少？

自由职业者注意！如果你是自雇者，不要将收入中需要缴纳的税款算作收入。这一点非常重要！犯下这个错误将毁掉你为了赚钱而付出的大量努力。你以为自己有钱，但是突然间，你就要将这笔钱以税款的名义上缴国家。

出账：储蓄 + 固定支出 + 消费

储蓄：你每个月能够向应急基金、意外事件基金（稍后将详细探讨）和退休基金中存缴多少钱？理想状况下应当为收入的 20%。

固定支出：你每个月的固定支出有哪些？固定支出即必须支付的账单，包括信用卡最低还款、住房抵押贷款和学生贷款。理想状况下应当为收入的 60%。

消费：可有可无的物件。理想状况下应当为收入的 20%。

净收入： 入账减去出账（储蓄 + 固定支出 + 消费）后的差值。

如果你的净收入为正，那么你将在这个游戏中获得额外的金币和心。如若不然，你的金钱故事可能正在让你的脑袋阵阵作痛。没关系，让它先闭嘴。

现金流瀑布

记住，我们的目标是令净值朝着正向移动。为此，你的储蓄金额和消费金额要一样多，包括债务和利息。这样才能令净值朝着正向移动，哪怕你身负高利率的债务。下面是一个实际生活中的范例。

奥利维娅和马特住在泽西市，夫妇两人每月净收入总共为10 000 美元。在生下双胞胎后，由于婴儿护理方面的意外开销，比如医院账单、婴儿床，以及奥利维娅回到工作岗位后家中雇用夜间保姆的花费，所以他们的信用卡欠款增加至 9 000 美元。

他们的个人月度财务明细表如下（简单起见，我将数字化零为整，这样读起来和理解起来都更快）：

入账： 10 000 美元

储蓄：2 000 美元

- 1 000 美元存入应急基金
- 1 000 美元存入个人退休账户

固定支出：7 000 美元

- 2 000 美元用于支付住房抵押贷款月供和物业费
- 2 000 美元用于婴幼儿日托
- 400 美元用于信用卡还款
- 600 美元用于支付电视网络费和水电费
- 1 000 美元用于基本食品杂货和家庭开销，现在还包括尿布
- 1 000 美元用于支付汽车相关费用、保险费和停车费

消费：1 000 美元

由于两位宝宝的出生，奥利维娅和马特的应急基金和信用卡欠款都有了巨大的变动。

应急基金余额：从高达 15 000 美元降至非常危险的 3 000 美元。

信用卡欠款：从 3 000 美元上升至目前的 9 000 美元，利率为 16%。

奥利维娅和马特都是一只手握着啤酒，一只手握着奶瓶。他们评估了自己所剩无几的积蓄和日益增长的债务。

首先，他们暂停了对个人退休账户每月 1 000 美元的存缴，将其中 500 美元用于偿还信用卡欠款，另外 500 美元用于重建已经被大幅消耗的应急基金。注意，为了教学目的，这些数字都已经简化，而且并没有算税务上的变化。这意味着他们每个月存入应急基金的金额从当下的 1 000 美元上涨至 1 500 美元（储蓄），信用卡还款金额也从每月 400 美元上涨至 900 美元（固定支出）。以这个进度，他们将在 12 个月内使应急基金恢复至 15 000 美元，并且还清信用卡欠款。

他们新的月度财务明细表如下：

储蓄： 1 500 美元

- 全部存入应急基金

固定支出： 7 500 美元

- 现包括用于信用卡还款的 900 美元

消费： 1 000 美元

你可能在想："阿曼达，利率高达 16%，他们难道不应该将原本存入退休账户的 1 000 美元全部拿来偿还 9 000 美元的欠款吗？"不应该，原因如下：他们的债务已经从 2 000 美元迅速上涨至 9 000 美元，与此同时，他们的应急基金从 15 000 美元消耗至 3 000 美元，这意味着他们很可能会招来更多债务。而且他们的双胞胎宝宝才刚刚出生！如果他们以应急基金为代价来偿付欠款，那么他们会继续招来更多债务，将来可能会面临更严峻的急需现金的情况。

他们净值的增长并没有由于暂停存缴个人退休账户而减慢，因为他们在投资上获得的收益都会被欠款利息所抵消：

12 个月时间，利率为 16% 的 9 000 美元信用卡欠款，欠款利息为 799 美元。每月向个人退休账户存缴 1 000 美元，12 个月时间，回报率为 5%，收益为 600 美元。因此，799 美元的损失要大于预期投资回报的 600 美元。而且，缺乏应急基金的现金，你会面临身陷更多债务、缴纳更多费用的风险。

将储蓄的一部分存入应急基金，另一部分偿还信用卡欠款，直到还清欠款，这是前进的唯一安全之道。否则，虽然你也许在积累退休资产，但你将支付更多利息，从而降低你的净值。

小心间隙

财务明细意味着探索你的金钱的各个方面：数据、情感和行动。平和接受你的个性和你所处的位置。生活充满了意外，各种事情都会发生，但即便如此，你也能更多地储蓄、更少地消费，无论你的债务情况如何。这是值得的。

以下是获得财务明细的过程中应该遵守的基本规则。这不是你与完美的自己、与姐妹、与同事或者其他任何人之间的竞赛，这无关于你有 2 万美元信用卡欠款还是 20 万美元的退休储蓄，这不是通过一两个练习来“修正”你的财务生活。它的关键在于，看清你现在拥有的东西，了解你未来所需并进行准备，找到当下与理想之间的间隙。

你无须立即弥补当下与理想之间的间隙。我在终于认清了自己的人生后，花了 5 年时间，才爬出我的财务深渊。我从大宅搬到小公寓，大幅削减了我的固定支出，整整 5 年时间满是痛苦和狂喜。如果你坚持和我一起，那么你正在通往财务明细的路上。所以，如果你在某一刻对自己的财务状况感到难受，那就是犯规。

财务明细问答

现在你可能有一肚子问题想要问我。下面是一些你可能想问的问题及其答案。

“我需要哪些银行账户？”

我推荐以下账户：

活期账户：你可以在此存入工资；如果你是自由职业者，则

存入你的“提款”。（见第 9 章）

应急基金：储蓄将会给你一种独特的力量——没错，力量。一旦你在骨子里感受到这股力量，你会期待着进行更多储蓄。

对于应急基金，首先存入 1 000 美元，然后努力将金额提升到足以覆盖一个月的支出的水平。专家表示，要存够 3 ~ 6 个月所需的现金。不过我是个实事求是的人，所以我认为，一开始应该先存够一个月，之后再考虑增多。如果你在管理债务方面存在困难，那么在你大额偿付信用卡之后，很有可能不久后便会再次负债。避免背负更多债务的最佳保险就是将余钱的一部分储蓄下来，另一部分用于偿还欠款。

退休基金：如果你受雇于某家公司，公司可能会提供 401（k）或者同类账户。如果你是自雇者，则是你的个人退休账户。

“如果债务重到不可能存得下钱怎么办？”

彻底翻查你的包，把找到的硬币放进一个罐子里。你这就存下了一块钱。下周，将金额翻一倍。存钱是一种习惯，不应该事后再想起来。

“我试图存钱，但总是会花光。我要如何保持信念？”

今天早上醒来时，我收到了家政保洁员发来的短信：

“你的两只猫有跳蚤，你家已经染上跳蚤了，遍地都有。这个样子我没办法清理，可能会把跳蚤带到别人家里。请打电话给害虫控制部门，之后我才能回到你家。”

早上好（挠挠痒）。几小时后，我有了两份兽医账单、两张开具跳蚤药的处方以及两次灭虫员来访，总共至少花费 600 美元。更别说本周和下周还要进行数小时的洗衣、打扫，还要去看兽医。

你大抵知道每个月在汽车方面要花费多少钱，但是——突然——你把车撞出了凹痕，现在你要给保险公司缴纳免赔额 500 美元。那么你是用信用卡付款，还是花费自己的储蓄？如果你已经身负债务，那么信用卡付款就不是那么理想的选择了。但对某些人来说，使用应急基金来为非紧急情况付款，可能感觉像是退步。

所有精细制订的开销计划都会被意外事件击得粉碎。为了主动管理那些令你花光积蓄、士气大减的事件，你可以单独为意外事件再开设一个银行账户，相应地将其命名为“意外事件基金”。每次收到工资都将 200 美元存入该账户里，直到总额达到 500 美元。虽然我预计意外事件发生时基金将会全部花光，但有了这样一个基金，我就不会使用其他账户里的钱，例如应急基金或者用于支付其他账单的钱。我这周将会用意外事件基金来支付兽医和灭虫员的费用。

在意外事件基金里最多保持 500 美元资金，预计每三个月左右花光一次。你将更不想花费放在其他任何储蓄账户里的钱。这是我给自己设置的一个心理小技巧，这样我就能尽可能少地使用信用卡，保持高度自信，同时使应急基金持续增长。

“为什么有那么多储蓄账户？”

记住，如果你的日常管理已经在有效地运作，那么无须开设意外事件基金或者避免使用信用卡。我知道，现在有许多女性因为难以控制现金流而感到难受。20 世纪 50 年代的家庭主妇是否做得更好？我们是否已经忘记了女性先辈们的一些古老智慧？问题在于，因为预算和节食一样是限制性的，所以会让你有一种非成功即失败的心态。这周朋友生日聚会，你会放弃出行，省下 75 美元（成功），还是不会（失败）？是她的 40 岁生日吗？很遗憾，你必须进行选择：朋友和预算，你更爱哪一个？你给自己留下了不擅于理财的印象。并且戒掉了咖啡因之后（因为你省下了买拿铁的钱），你的脾气比以往更加火爆和焦躁，然后你就放弃了。这些策略是为了在大的方面帮助你，让你深度挖掘自己为什么会将

40% 的净收入花费在……好吧，可能你也不大清楚。

“我应该在哪里开设这些账户？”

如果你对自己现在开户的银行感到满意，只要你完全了解有哪些隐蔽的交易费用和透支费用，那么你可以继续使用这家银行。同时，你也可以考虑使用只在网络上进行运营的银行。第一家互联网银行成立于 1995 年。可以说，互联网银行正在改变我们办理个人银行业务的方式。而且，它们很安全，和商业银行以及非营利性银行一样，完全由美国联邦存款保险公司提供保险。你可能已经听闻过其中一些，比如 Capital One 360、Ally、Aspiration、FNBO Direct，甚至嘉信银行。一旦你认可了互联网银行，其优势相当显著：利率更优，零费用账户的类型更多，通过网站或移动应用即可方便地办理业务，能够真正帮助你进行理财管理（预算或分档），拥有财务预报的强大功能，提供全天候客户服务，支持免费在网上支付账单，甚至还能准备税务申报。

轮到你了

你的现金流瀑布是什么？你会在哪里开设账户？在某种程度上，这很简单。当你设想出你的钱从一个账户流入另一个账户的画面时，你会被其中蕴含的无限可能迷住。但你还可能会面对一些令人生畏的障碍。

卡莱尔 · 罗哈斯使用分档系统来管理她的储蓄，并且使用一个应用程序来根据预算追踪开销情况。二者都帮助她在财务上保持清醒。“有时，我甚至在做决定之前会看看这个应用，”她说，“如果我看到未来三天只剩 20 美元可以花费了，那么我就不会打车，而是去坐地铁，或者去做我觉得可能符合预算的行动。这对我来说是一种心态转变。”卡莱尔意识到，为开销设定总体上限能让她拥有控制权和力量。如果开销金额为每周 150 美元，那么她可以随心所欲地在周六阔绰地消费 100 美元，然后在这一周其他日子里节俭地生活。“相比于鲁莽消费后过晚意识到自己已然超支，这种方式让我感觉更自由。”

介绍一下我的朋友乔什。他是一名技术管理员，年收入约 15 万美元（没错，确实很丰厚），但并非因为他的工作很高级或者他创立了自己的公司。去年，36 岁的他储蓄已经超过 100 万美元。他究竟是如何做到的？没错，他属于人称“超级储蓄达人”的这一类人，但他并不是超人。他工作 15 年就能存下这么多钱，原因就在于他始终优先进行储蓄和投资，并且拥有一份稳定的收入。事实上，他创造了一个“游戏”，在不牺牲幸福程度的前提下选择最不昂贵的选项，比如点菜单上不那么昂贵的主菜，或是租住远离“理想”社区 20 个街区以外的公寓。

别把书扔到我身上。我并不是说与乔什不同的生活方式或者享受生活是错的。我也并不是说这里存在性别差异。在理财方面，男性与女性之间不存在孰优孰劣。这只是视角问题。乔什与其他人的区别在于，他从未将收入看作个人成功的标记。他只是喜欢在花钱的同时，也进行储蓄。消费可以很有乐趣，储蓄也是。

自然流露

压抑真实情感对人并无益处。

当你的入账和出账有了更多细节信息时，对这些数字进行调整。当你的情况发生变化时，例如你接受了一份薪资不同的新工作，你的房租或住房抵押贷款有了变动，你结婚或者离婚了，你突然想起来学生贷款还没还清——要根据现状持续更新你的数字。

有时候你的开销会超出预算——“变动成本”顾名思义便是不可预测的。如果在看了你的入账和出账情况后你感到难为情，那么准备好速战速决。告诉你的金钱故事，让它镇定。记住，我们的目的不是让你感到羞愧、退步，或者让你陷入金钱昏迷、助长消费，而是为了让你对情况有清晰的了解。用心去看。不过，如果你的金钱故事确实来势汹汹，那么你有 5 分钟时间来难受。设定时钟。你可以用手机上的倒计时功能、厨房计时器、闹钟——手头有什么就用什么。整整 5 分钟时间里，你都可以自怨自艾。你甚至可以躺在地板上呜咽。你真的很糟糕！

但是，时钟响起时，就此结束。从地板上站起来，松开拳头，深呼吸。参与这个游戏的关键就在于遇到障碍时不要放弃。这也包括情感上的障碍。过去的所有行为都是过往云烟。不要进行批判。未来始于现在。我们重新回到游戏当中。

当你对你的数字保持清醒时，你就会知道你的财务生活是在正常运作的，哪怕出现巨大的意外事件，耗尽了你的应急基金。你努力的目标不是某个抽象的未来——你突然奇迹般地控制住了你的开销，或者完美地为退休目标提供资金。有时你能做到，有时你无法做到。最终目标是参与其中并且保持参与。一点点、一步步，心中知道自己已经开始理财之后，你将拥有自信和驱动力，做出更大改变，让你的净值不断朝着正向发展。目前，你要做的就是观察并且评估现状。相信我，哪怕是评估现状，可能也会让你情绪起伏。

所以，我要这么说：当前的目标就是了解自己的财务生活是否运作正常。这意味着你要理解入账、出账和净收入。出账由储蓄、固定支出和消费组成。你使用这些资金来增长储蓄和退休基金，也许还用来买房或者创立公司。做自己的理财经理，意味着你要知道你把钱花在了对自己真正重要的事物上。

珍·特瑞尔是亚利桑那州一个牧场的主人。当我与她见面时，她已经拥有了房产，并且为牧场生意缴纳了税款。她在金钱上没有沉睡。但她仍然担心自己两个患有自闭症的孩子的生活问题，他们余生都需要人持续照料。她要如何管控这一点？当我和她一起查看她的账户和资产时，她意识到自己离财务保障的距离并没有她所担心的那么远。她看着自己的财务数据，对我说："我知道，哪怕在最坏的情况下，我的孩子也有足够的钱来支撑几十年，这让我心里感觉更为平和。"查看、知晓、了解都非常能给人力量。珍继而开始在她所处的乡村地区为自闭症儿童及其家长提供服务。

诸多麻烦

这样来想：储蓄是将消费延后。今天搁置一旁的钱，最终都会被你花掉，无论是用作去看你奶奶的车旅费，还是作为当你变成一位老奶奶时的生活费。关键在于，要设定目标，让你能做到这两件事。你可能会问，每个月光是固定支出就能把钱花光，这不是痴人说梦吗？或者，也许你认为自己是史上情况最糟的花钱大手大脚的人——已经毫无希望了。你不是。

这里有一些背景知识。据圣路易斯联邦储备银行称，美国的个人储蓄率自 20 世纪 90 年代中期开始持续下降。2015 年末，美国的个人储蓄率仅为 5.6%，而 90 年代初为 9%，70 年代初为 12%。这些数据表明，整个美国对储蓄的重视程度越来越低。2008 年至 2009 年的经济萧条让许多人重新开始储蓄，但并没有持续多久。随着股市金融危机被渐渐淡忘，我们又回到了之前的消费方式。专家们也并不确定这是为什么。

对你来说，这意味着——在文化层面——对关于储蓄的想法和行为的支持越来越少，日渐式微。当你的朋友、家人和同事不那么关心储蓄时，执行你的计划感觉可能像是逆流而行。这使储蓄变得更加困难。但金融专家们反复重申的一点是：保持财务健康的不败之法是少消费、多储蓄。就这么简单。

支持自己

储蓄的力量非常强大。不要错过这个机会。如果一位非常优秀和慷慨的人说："喂，你记得上个月意外收到了一份医疗账单吗？我来帮你付。你的车需要紧急维修？没问题——把你的信用卡收起来。你想买房？生孩子？我来支持你。"这种感觉如何？这些都是稀松平常的支出项目。但是，当它们降临在我们身上时，我们往往没有做好应对的准备。不过，有一个应对方法，这个方法就是储蓄。你可以成为那位穿着斗篷的英雄，猛然冲入，进行解救，令世人惊叹。这样有多棒？我来回答你：非常棒。每一次你没有过度消费或者陷入债务，你都能存下更多的钱。

下面是进行储蓄的两个有力理由。

> **1. 储蓄改变你对金钱的看法。**当你的大脑看见你能够用于消费的金额时，它会认为这是你的全部可用资源。虽然是你设定了整套系统，是你控制着从固定支出部分转移多少资金至储蓄账户，但事实上你的行为会开始发生变化，你的优先事项会发生变化，仿佛有人在帮助你一样。因为大脑认为你可用的现金不多，所以储蓄自动就能防止你进行盲目消费。我们所有人在这一点上都需要帮助。
>
> **2. 储蓄让你拥有选择。**储蓄是这本书中翅膀理念的核心所在。翅膀帮助你翱翔、感觉自由、享受旅途。储蓄令你有能力去做一些规划之外的事情，无论是意外的滑雪之旅或者是厨房翻修。如果手头没有积蓄，那么你要么放弃这份乐趣，要么就得陷入债务。

女性面临着内部和外部的巨大压力，要包揽一切，要做到完美，以致一点点紧缩措施都可能有损士气。除非你需要在极大程度上对自己进行约束，而我们中的一部分人确实需要这样。在这种情况下，紧缩措施可能适合你。储蓄并不意味着你永远都不会为自己、房屋或孩子买好东西了。这是“不成功便失败”的节食心态所遗留下来的想法。

比起只是节衣缩食，而没有任何实际利益，减少大额项目支出（例如房租或住房抵押贷款月供、昂贵的手机套餐或汽车保险），会让你产生更大的影响——并且解放出更多钱用于储蓄。不开心便没有驱动力，不开心就不会奏效。所以，允许自己喝喝咖啡、买几件新衣物，留意你的根基。这样你才会保持进行储蓄的驱动力。

后记

掌控人生，供资梦想

2015年秋天，我向6岁的女儿玛雅保证说，她可以和我一起去纽约——当时DailyWorth网站的办公室就设在纽约。玛雅知道我通常在黎明时分就从费城离开家门前往纽约工作。10月4日清晨6点03分，她已经穿戴整齐，鞋子也穿好了，双肩包装满了东西。大多数早上，我都得大喊“孩子起床”，并且不停开灯关灯。今天不然，她已经站在门口等着我了。我已经通过女性人际网络平台www.theli.st网站预定了儿童看护服务。一位高级营销主管杰西卡·兰达萨自告奋勇地提出与玛雅一起玩耍一个小时，其间我与金融记者让·查兹基在洛克菲勒中心进行重要的午餐会面。到目前为止，一切顺利。我让玛雅梦想成真，同时也完成了自己的工作职责，与超级能干的同事们进行了人际往来。至少理论上如此。或者说，在电子邮件中如此。又或者说，我设想如此。

实际上，前往洛克菲勒中心就是一场灾难。我穿着高跟鞋，带着笔记本电脑、旅行袋以及玛雅的背包。我们大部分路途都是坐出租车，但最后一小段路需要步行。玛雅不喜欢走路。我们刚踏上人行道，她就说自己太累，然后坐下了。我身负两个包的重量，两个包都不停地从肩膀上滑下来，我没法扶她起来。为什么我没带上平底鞋？为什么我会觉得带她来是个好主意？我的午餐会马上就要开始了。这时，她突然从人行道上蹦了起来，冲了出去。我疯狂地扫视人群，看见她正在咕嘟咕嘟喝着第六大道上公共喷泉喷出来的水。“玛雅！”我撕破喉咙地大喊，并且急急忙忙地向她冲过去，“不能喝喷泉的水！”

快进到 DailyWorth 网站办公室时，我意外地发现：带孩子到公司，就不要指望团队能够专心致志工作。玛雅大摇大摆地走来走去，在每个人身上都贴条并且大喊：“你被开除了！”一点都不好玩。同时，我的收件箱中邮件堆积。“再也不要这样了！”我抱怨道。然而，我又一次这样做了。第二天，我出席了克劳迪娅·陈主办的专注于女性商业和领导力的女性峰会（SHE Summit），担任理财专项讨论组的成员。会议地点在曼哈顿上城区的 92Y 大楼。我很早以前就询问过能否带上玛雅一起，在我上台时，我会把她留在后台休息室。组办方认为这个主意很不错。但是，等我们带着大包小包一路来到上城区，到达会场时，玛雅已经极度暴躁了。我已经拖着她跑了快两天。她已经累坏了。在休息室里，讨论组的其他成员想要抱抱她、宠宠她，玛雅却不买账。她踢了一位演讲者的小腿，然后自己蜷缩在角落里。真是棒极了。讨论组会议结束后，玛雅开始尖声叫喊。我无法与任何人谈话。我们马上离开了会场，去搭乘火车。是时候回家了。

好吧，事后回想起来，玛雅其实并没有准备好进行那趟旅途——我也一样。以正确眼光来看待的话，这件事有点荒诞可笑。但我的本意是好的。我想让女儿看看妈妈每天去的地方。不仅只是让她看到我的工作内容，或者填补她心中关于妈妈每天匆忙离家所去之处的那块空白，或者让她明白为什么我有时候会工作到很晚。我想让玛雅看见妈妈工作时是什么模样：掌管事务，赚取金钱，让各种宏大想法落地执行。我想让她看到我掌管事务的样子，这样她就会明白她也能有掌管事务的能力。我想让她看到，她有能力决定自己人生中想要什么，有能力控制自己的人生。我的女儿不应该一直质疑自己的判断。我希望她长大时能知道自己的价值，知道如何评估自己想要什么，不会问自己能不能、应不应该，而会问自己这值不值得，以及对自己有何价值。后者与前者差别很大，我们都应该自问后面这两个问题。这是本书的意义所在。

这对我有何价值

掌控你的金钱、你的人生对你有何价值？你的条件是什么？你是否正在按照你的条件来生活？我仍然想作为女儿的榜样，让她看到没有遗憾的人生是什么样子。当然，这可能很麻烦、很有挑战性，但同时也极其令人兴奋。我母亲从来没有像这样把我带到她工作的地方，让我融入她的一天。她总是把工作和我分隔开来。那是当时的情况。现在，事情远远不到完美的地步。就在几年前，我儿子发烧了，但我无法重新安排与一位具有影响力的风险投资人进行重要电话会谈的时间。我在承认自己身为人母的同时，无法不从骨子里害怕别人会批判我工作上的无能。但我一直在改变这一点，因为身为人母是我人生的一项关键条件——成为公司业主、连接各方、承担风险，这些也是。

对你而言，按照你的条件来生活，可能意味着你要承认你确实有雄心，或者可能意味着在财务上照顾好自己，并且不会觉得这样做很自私。又或者，如果你热爱时尚艺术，那么这可能意味着买下一条其他人觉得过分昂贵的裙子。同时，你也在将钱挪入储蓄或投资账户，建立真正的财务基础。重点在于：女性能够使用金钱来建立适合自己的滋润生活。我们能够关心钱的问题。无论我们走到哪里，我们都能够问一问："这对我有何价值？"无论是打开忽视已久的银行流水账单、要求涨薪，或是与伴侣开诚布公地谈论金钱问题，我们都能保持参与。我们打心底里知道，理财对于我们的权力和保障至关重要，我们不能将其拱手让人。

我学会了如何掌管事务，你也可以。这就是为什么我把玛雅带到了纽约，为什么我曾因为几日未见到孩子们而拒绝了白宫的邀请。我想让孩子们看到，我在工作、社交、生产之余，也能设计自己的人生，服务于自己，也服务于我们一家人。我想让其他人看到，我是一位母亲，并且我没有隐藏这一点。这是我的条件。掌管事务意味着你有权决定自己想要什么，你有能力为这些欲求提供资金。你在此根据你认为的重要事物以及你未来想要的东西而对人生做出改变。你就是我们这个世界未来的理财领军人。没错，就是你。

我们现在就能这样做。不过，我们仍然需要认清自己所在的权力位置，用我们的金钱来进行指导。因为当我们控制了金钱时，我们也能重写规则：公共机构的运作方式、儿童看护服务的运作方式、工作日的日程、成人生活的基线（真的需要结婚才能长大成人吗）。我们可以要求公共政策和社会服务真正服务于我们，而不是服务于不具面目的训令。我们无须符合已经不再奏效的过时典范。

我希望你已经看到，你的个人价值和财务价值完全不必互相冲突。你的金钱故事可以很积极，你的净值也可以为正。你可以从金钱昏迷中醒来，投入你自己的梦想。你不必等待某个人让你的金钱问题变得不那么讨厌。你要充分享受金钱——你完全具有这样的能力。自由就在你的手中。我希望女儿能在这样的世界里长大——你现在就能占有这样的世界。

更充分的准备

我之前曾说过这个，但值得再说一次：到 2030 年，美国 2/3 的私人财富将握在女性手中。2/3，那就是大约 22 万亿美元，数额非常大。这是一个巨大转变，现在正在发生，影响着我们所有人。不仅是我们的孙辈和曾孙辈——而是我们，是现在。但如果我们处于金钱昏迷中，那么谁掌管财务大权，或者我们有多少钱，也都不重要了。如果我们继续认为理财非女性之事，继续盲目将其交由男性或理财顾问处理，那么全美范围的消费、投资和赋税方式可能不会发生改变，因为我们仍然对金钱问题保持回避，仍然与我们的金钱昏迷嬉笑打趣。这将会是我们错失的一个巨大机会。

我们追求的目标是，持续并且不怀羞愧地参与处理你的金钱问题。这并不意味着你的金钱故事不会突然跳出来，或者意外事件不再发生，又或者你对金钱故事或意外事件不会做出激烈反应。这些问题都一定会出现，只是现在你将做好更充分的准备。你将有能力灵活地、有创意地予以应对，而不会惊慌失措。你已经认清了你的金钱故事。也许这让你振作了起来。这是有力的第一步。现在，你将会看到这个金钱故事再次浮出水面，看到它有多么根深蒂固。这也意味着当你陷入金钱昏迷时，你要有自我意识，因为，相信我，你一定会有陷入金钱昏迷的时候。情况不会一夜之间发生改变。这还意味着帮助自己走出金钱昏迷，将羞愧和自怨自艾最小化。无论你的金钱故事对你说了怎样的糟糕话，你都必须知道，哪怕你中断了一小段时间，也并不意味着你是一个很差劲的人或者“不擅于理财”。

直到今天，我依然不断提醒自己我存得下钱（我的金钱故事是，我花钱大手大脚）。当我开始变得无意识时，我就采取行动，向自己证明我是清醒的，例如将100美元挪入储蓄账户。这能帮助我转换回负责模式。我学习到，持续采取一些小的行动能够建立起行为模式的完整性。不断进行练习吧。

为一切做好准备

留意金钱故事和金钱昏迷是内部因素，外部因素则是管理意外事件。它们是现实存在的。我来说说我不久前遇到的一个巨大的意外事件。2013年，DailyWorth网站经历了一段极其困难的时期，现金方面面临挑战。公司处于崩溃边缘。那年冬天风雪很多，因此许多投资人会议都遭到取消。我们的账户余额很低，非常危险。销售主管休产假了，而候补的女销售员——她的业绩一直非常棒——辞职了，留下50万美元的合同待完成交易。我们开不出工资，也无法支撑运营成本。而且，我们也看不到恢复元气的希望。

我吓坏了。我非常确信董事会将投票决定出售DailyWorth，我的梦想公司，而不是看着它破产。但我真的不想公司落入外人手中，危及公司让女性真正参与金钱问题的这一使命。我不想在我们正要开始取得成功之时宣告失败。召开董事会的前一晚，我站在酒店房间里，看着曼哈顿天际线处闪烁的灯光，痛苦地思索着该怎么办。这时，我灵光一闪。我想出了一份更好的销售计划，它将使我们的账户立即得到资金，持续执行下去还会是一个持久的赢利模式。我在走在令人恐惧的刀刃上时，重新创造了DailyWorth网站的赢利模式。董事会认为我疯了："我们赞赏你的热情，阿曼达，但是我们认为这只是垂死挣扎。"我请他们给我6周时间来扭转乾坤。你猜结果如何？计划成功了。我们做到了。

我们做到了，是因为我是那种猛打猛冲的人，但也同样因为我有个人积蓄，可以不拿工资，并且驯服了我的金钱故事，这样我才得以在短短几个月时间让公司重新焕发生机。哪怕处于惊慌状态，我也能把悲剧转为机遇。董事会撤销了出售公司的决定。一场全面危机却诞生了一个更好的商业模式。

一个成功故事

每个人都有处于困境的时候。许多财务建议说趁年轻时就开始。这话没错：我们都应该趁年轻时就开始。但如果你没有，也不代表你毫无希望。记住，在 20 世纪 80 年代，我母亲 42 岁时离婚，身无所长，尚且为时不晚，对于现在的你而言，也同样为时不晚。如果你挣脱出了金钱昏迷，那么你也能做到。了解你拥有多少金钱和资产，它们在哪，你能用它们做什么，你能让它们增长多少——这就是力量。你是一位母亲、一位妻子、一位女友、一位职场女性，而现在你了解情况了。

不是所有人都会喜欢你的这一套新知识。你的父母、朋友、社交圈甚至你的孩子们都会对你的自信感到迷惑。但如果你此前并不幸福，如果你缺乏安全感，那么你必须站出来。有上千万女性正在跟你走着同一段旅程。她们会出现在你面前。你的世界将会彻底变得更宏大、更精彩。当你做出的选择帮助你朝着理想生活前进时，一切都会变得清晰。人们会围绕着你来组织自己，而不是反过来。

如果我能从 90 000 美元债务中脱身并且建立起正净值，那么你也可以。我要说清楚一点，生活不会因为你读了这本书就不再发生巨大的意外事件。你的金钱故事不会瞬间消失。生活——还有我们的大脑——不是这样运作的。如果你现在正在向 401（k）

账户存款，同时建立起可变现的储蓄，那么你做得非常好！你的翅膀比从前更强健，你能够飞得更高。但更为重要的是，你将培养出坚韧的适应力，有自信能够走过人生的起起伏伏。为此，你会意识到你需要做的就是管理好自己的金钱。就像定期体检和跟踪世界新闻一样。你活着就要照顾好自己。对自己的金钱问题保持参与就是投资自己。你这样做是因为你值得。

现在你有机会在生活中践行已学习到的一切知识。说实话，这一部分才有趣。

值得：六个日常习惯

1. 频繁检查：你的金钱故事是否在说话？了解什么事物驱动着你，什么事物对你不再适用。当金钱故事突然活跃起来时，有策略地转换你的思想（以及行为）。

2. 储蓄优先于消费。如果你想买一条 400 美元的裙子，那么同时将 400 美元转入你的储蓄账户。这个方法可以用于评估你的支付能力是否足以买下这条裙子。

3. 尽可能低地活在收入水平之下。生活昂贵。削减多余消费，将差额储蓄起来。

4. 了解什么对你最为重要——投资其中。了解你的梦想。选择符合你生活方式的根基。留意消费情况，这样你才能在大局中看到你真心想要的东西。降低其他所有事物的优先级。

5. 确保净值朝着正向移动。了解你的收入和投资如何影响你的长期保障。保持净值增长，无论快慢。

6. 记住：意外事件是常态。财务情况发生变化，不代表你“不擅于理财”。这种情况下，你需要拿出创造力和适应力，而非感到羞愧。

你来书写规则

现在，我们有机会重新思考什么事物对我们所有人是重要的。我们有机会重新定义我们作为个体、作为一个国家、作为一种文化对金钱的处理方式。在金钱观方面，性别差距仍然很大，但通过一位位女性的努力，我们能够改变这一点。要创造一个对所有人都有利的世界，女性作为储蓄者、投资者、消费者发挥着什么作用？要改变我们的经济情况，我们首先需要重构我们的身份认同。我们需要停止自视为宏大权力结构下的臣民，而是要自视为改变全球网络的媒介。正是我们对自己的身份认知阻止了我们进行这种对话。让我们开始这种对话吧。

重点不在于认为我们自己是相互独立还是相互连接的。我们二者都是——这是一个很棒的矛盾。这样的权力平衡——对自我认知的深刻改变——本身就是一种全球性的剧变。因为女性是新鲜的投资者群体，（目前）尚未对投资有先入为主的看法，所以我们能够提出多年来无人提过的问题。我们的理想社会应该是什么样子？如果我们能进行重构，它会是什么模样？我们珍视什么？什么有助于进行改变？我们想要影响什么？我们是否想要调整目前的育婴假？我们想调整新妈妈们的预期吗（我们是否需要生完孩子 20 分钟后就开始回复电子邮件）？我们是否想修复环境？我们是否想支持导致千万人陷入贫困和流离失所的境地的外交政策？

首先，我们要先达到量入为出并且不牺牲生活水平的状态。增加收入，有意进行储蓄，为我们自己和我们的生活提供资金，了解我们的财务目标。然后，我们要触碰一下不能谈钱的禁忌。让我们不再感到羞愧，不再避开这一话题，真正坦率地与朋友和家人进行谈论。让分享财务资讯如同分享餐厅和育儿建议一样容易。一旦我们自己开始观察并采取行动，谈论金钱将会非常有趣。

女性这一集体现在拥有着史无前例的影响力和权力。让我们携手，为我们的家人、我们自己和我们的世界，共同创造一个更美好的未来。

总结

准则及检查清单

下面总结了我们刚刚讨论过的内容以及你需要记住的所有关键点，把这当作你的小抄吧！

关键概念

- 注重正净值，不要只注重增长收入。
- 先储蓄后消费——在进行大额消费前，想想自己有多少积蓄。
- 活在收入水平之下——尽可能减少消费。

了解你的净值

- 净值计算方法：把所有资产相加（现金、储蓄、房地产价值、汽车、退休和投资账户），再减去你的债务（信用卡欠款、学生贷款、住房抵押贷款）。

管理你的金钱

- 了解你的每月净收入：扣除税费、福利费用、代扣税款和其他费用后，真正拿回家的有多少？如果你是自由职业者，那么进行固定数额的提款，每年发放一次奖金。
- 积累应急基金：金额能够支撑 1 ~ 3 个月的开销。
- 明白意外事件将会是常态。

使用分档系统

- 使用分档法和预算。固定支出：60%。储蓄：20%。消费：20%。

下面是根据年收入进行分解的一份示例数据，数字已经化零为整。

	年度 收入	月度 净收入	60% 固定支出	20% 储蓄	20% 消费
底线级	25 000 美元	1 500 美元	900 美元	250 美元	250 美元
基础级	50 000 美元	3 000 美元	1 800 美元	600 美元	600 美元
高管级	100 000 美元	6 000 美元	4 000 美元	1 000 美元	1 000 美元
富裕级	200 000 美元	10 000 美元	6 000 美元	2 000 美元	2 000 美元

买房

- 房屋总需费用低于家庭年收入的 3 倍。
- 计算成为房屋业主的总费用时，要考虑以下因素：
  - 首付款
  - 交易手续费
  - 首次搬入和维修费用
  - 每月水电费
  - 住房抵押贷款月供和利息
  - 房产税
  - 持续的维护和翻修费用

退休及投资

- 了解你的退休储蓄目标：你的梦想数字是多少？

- 你的投资组合是否每年至少平均增长 5%？如若不然，调查原因。
- 资产配置：确保你的组合多样化，拥有股票、债券以及其他资产类别。

经营公司

- 成立公司是为了获得收入还是获得一份资产？了解其中的取舍。
- 为了获得无限的赢利水平，你能否容忍收入的不确定性？
- 你是否享受管理自己工作的每个方面，从解决技术问题到设定日程安排（顺便一提，“自由职业”中的“自由”二字往往具有误导性），再到寻找客户以及宣传自己的才能？

恭喜，你现在已经整装待发，设计你的人生，条件由你来定，为这份人生供资。你值得拥有！

注 释

1. Boston Consulting Group, 2009
2. BMO Wealth Institute, 2015
3. Boston Consulting Group: Global Wealth 2016 Report
4. "Data & Statistics: Women in the Labor Force," United States Department of Labor website, https://www.dol.gov/wb/stats/stats_data.htm
5. "Knowledge Center: Women's Earnings and Income," Catalyst website, April 8, 2016, http://www.catalyst.org/knowledge/womens-earnings-and-income#UnitedStates
6. "Women and Retirement Savings," United States Department of Labor website, https://www.dol.gov/ebsa/publications/women.html
7. "Detailed Tables on Wealth and Asset Ownership," United States Census Bureau website, http://www.census.gov/people/wealth/data/dtables.html
8. http://bmogamviewpoints.com/wp-content/uploads/2015/04/wealth-institute-financial-concerns-of-women1.pdf
9. Shelley Correll and Caroline Simard, "Research: Vague Feedback is Holding Women Back," Harvard Business Review, April 29, 2016, https://hbr.org/2016/04/research-vague-feedback-is-holding-women-back

10. Cathleen Clerkin, Christine A. Crumbacher, Julia Fernando, and William A. (Bill) Gentry, "Bossy: What's Gender Got to Do With It?" Center for Creative Leadership, 2015, http://insights.ccl.org/wp-content/uploads/2015/04/Bossy2.pdf

11. Hannah Riley Bowles, Linda Babcock, and Lei Lai, "Social Incentives for Gender Differences in the Propensity to Initiate Negotiations: Sometimes It Does Hurt to Ask," ScienceDirect, June 24, 2005, https://www.cfa.harvard.edu/cfawis/bowles.pdf

12. "Financial Experience & Behaviors Among Women," 2014–2015 Prudential Research Study, http://www.prudential.com/media/managed/wm/media/Pru_Women_Study_2014.pdf?src=Newsroom&pg=WomenStudy2014

13. Carol Dweck, "The Antidote to Our Anxious Times is a Learning Mindset," Harvard Business Review, July 28, 2016, https://hbr.org/2016/07/the-antidote-to-our-anxious-times-is-a-learning-mindset

14. Herminia Ibarra, Robin J. Ely, Deborah M. Kolb, "Women Rising: The Unseen Barriers," Harvard Business Review, September 2013, https://hbr.org/2013/09/women-rising-the-unseen-barriers

15. "Fifteen Facts About Women's Retirement Outlook," Transamerica Center for Retirement Studies, March 2015, http://www.transamericacenter.org/docs/default-source/resources /women-and-retirement/tcrs2015_sr_womens_retirement_outlook.pdf

16. Elyssa Kirkham, "1 in 3 Americans Has Saved $0 for Retirement," March 14, 2016, GOBankingRates, https://www.gobankingrates.com/retirement/1-3-americans-0-saved-retirement/

17. Guy Berger, "Will This Year's College Grads Job-Hop More Than Previous Grads?" LinkedIn Official Blog, April 12, 2016, https://blog.linkedin.com/2016/04/12/will-this-year_s-college-grads-job-hop-more-than-previous-grads

18. Natalie Sabadish and Monique Morrissey, "Retirement Inequality Chartbook: How the 404(k) Revolution Created a Few Big Winners and Many Losers," Economic Policy Institute, September 6, 2013, http://www.epi.org/publication/

retirement-inequality-chartbook/

19. "Freelancers Union and Upwork Release New Study Revealing Insights Into the Almost 54 Million People Freelancing in America," Upwork, 2015, https://www.upwork.com/press/2015/10/01/freelancers-union-and-upwork-release-new-study-revealing-insights-into-the-almost-54-million-people-freelancing-in-america/

20. "Women and Retirement Savings," United States Department of Labor website, https://www.dol.gov/ebsa/pdf/women.pdf

21. Elyssa Kirkham, "1 in 3 Americans Has Saved $0 for Retirement," March 14, 2016, GOBankingRates, https://www.gobankingrates.com/retirement/1-3-americans-0-saved-retirement/

22. Olga Dow, "5 Ways Part-Time Employees Can Take Advantage of 401(k) Plans," Transamerica Center for Retirment Studies, December 15, 2014, http://blog.transamerica.com/5-ways-part-time-employees-can-take-advantage-401k-plans#.V1nmnpMrLdQ

23. Joe Coughlin, "Do Men and Women View Retirement Differently?" Ameriprise Financial https://www.ameriprise.com/retirement/insights/joe-coughlin/how-men-women-view-retirement/

24. Elyssa Kirkham, "1 in 3 Americans Has Saved $0 for Retirement," March 14, 2016, GOBankingRates, https://www.gobankingrates.com/retirement/1-3-americans-0-saved-retirement/

25. Theresa Ghilarducci and Hamilton E. James, "A Smarter Plan to Make Retirement Savings Last," New York Times, January 1, 2016, http://www.nytimes.com/2016/01/02/opinion/a-smarterplan-to-make-retirement-savings-last.html?ref=collection%2Ftimestopic%2FSocial Security(US)&action=click&contentCollection=timestopics&region=stream&module=stream_unit&version=latest&contentPlacement=9&pgtype=collection&_r=1

26. Anna Bernasek, "The Typical Household, Now Worth a Third Less," New York Times, July 26, 2014, http://www.nytimes.com/2014/07/27/business/the-typical-household-now-worth-a-third-less.html

27. "Insight 5: 'Bag Lady' Fears Persist Even Among the Most Successful Women," Allianz website, 2016, https://www.allianzlife.com/retirement-and-planning-tools/women-money-and-power/bag-lady

28. Fidelity Viewpoints, "Women & Money: How to Take Charge," Fidelity website, March 23, 2016, https://www.fidelity.com/viewpoints/personal-finance/women-manage-money

29. Julia Sonenshein, "Women Actually Aren't Afraid of Investing, DailyWorth, March 17, 2016, https://www.dailyworth.com/posts/4222-women-feel-left-out-of-investing

30. Mark Chussil, "Slow Deciders Make Better Strategists," Harvard Business Review, July 8, 2016, https://hbr.org/2016/07/slow-deciders-make-better-strategists

31. "The Issue of Leaving a Legacy," HSBC website, April 29, 2015, http://www.hsbc.com/news-and-insight/insight-archive/2015/the-issue-of-leaving-a-legacy

32. "Financial Experience & Behaviors Among Women," 2014–2015 Prudential Research Study, https://www.cgsnet.org/ckfinder/userfiles/files/Pru_Women_Study.pdf

33. Libby Kane, "Why Women Can Make the Best Investors," LearnVest, March 23, 2012, https://www.learnvest.com/knowledge-center/why-women-can-make-the-best-investors/

34. Adi Ignatius, "Making Startups More Resilient," Harvard Business Review, March 2016, https://hbr.org/archive-toc/BR1603

35. Robert Wood and Albert Bandura, "Impact of Conceptions of Ability on Self-Regulatory Mechanisms and Complex Decision Making," Journal of Personality and Social Psychology, Vol. 56, No. 3.407–415, 1989, http://web.stanford.edu/dept/psychology/bandura/pajares/Bandura1989JPSP.pdf